Lo que deberías saber sobre Habilidades Directivas

 **PROFIT** editorial

Profit Editorial, sello editorial de referencia en libros de empresa y management. Con más de 400 títulos en catálogo, ofrece respuestas y soluciones en las temáticas:

- Management, liderazgo y emprendeduría.
- Contabilidad, control y finanzas.
- Bolsa y mercados.
- Recursos humanos, formación y coaching.
- Marketing y ventas.
- Comunicación, relaciones públicas y habilidades directivas.
- Producción y operaciones.

 ### E-books:
Todos los títulos disponibles en formato digital están en todas las plataformas del mundo de distribución de e-books.

 ### Manténgase informado:
Únase al grupo de personas interesadas en recibir, de forma totalmente gratuita, información periódica, newsletters de nuestras publicaciones y novedades a través del QR:

 ### Dónde seguirnos:

 | @profiteditorial

   | **Profit Editorial**

 ### Ejemplares de evaluación:
Nuestros títulos están disponibles para su evaluación por parte de docentes. Aceptamos solicitudes de evaluación de cualquier docente, siempre que esté registrado en nuestra base de datos como tal y con actividad docente regular. Usted puede registrarse como docente a través del QR:

 ### Nuestro servicio de atención al cliente:
Teléfono: **+34 934 109 793**

E-mail: **info@profiteditorial.com**

Lo que deberías saber sobre saber sobre Habilidades Directivas

Raffaella Sadun • Joseph Fuller Stephen Hansen
P. J. Neal • Daniel Goleman • Jamil Zaki
Erika Andersen • Heidi Grant • Ethan Burris
Erin Meyer • Manbir Kaur • Amy Gallo
Richard E. Boyatzis • Melvin Smith
Ellen Van Oosten • Bill Birchard • Amy Jen Su
Maryam Kouchaki • Isaac H. Smith

PROFIT
editorial

Todas las publicaciones de Profit están disponibles para realizar ediciones personalizadas por parte de empresas e instituciones en condiciones especiales.

Para más información, por favor, contactar con: info@profiteditorial.com

Título original: *HBR's 10 Must Reads on Strengthening Your Soft Skills*
Original work copyright © 2024 Harvard Business School Publishing Corporation

Publicado por acuerdo con Harvard Business Review Press

Diseño de cubierta: XicArt
Maquetación: Montserrat Minguell

ISBN: 978-84-10235-15-1
Depósito legal: B 2050-2025
Primera edición: Abril de 2025

Impresión: Gráficas Rey
Impreso en España / *Printed in Spain*

Índice

1

Las habilidades más importantes para la C-suite

por Raffaella Sadun, Joseph Fuller,
Stephen Hansen y P. J. Neal

Durante mucho tiempo, cuando las empresas querían contratar a un CEO o a otro ejecutivo clave, sabían lo que buscaban: alguien con conocimientos técnicos, aptitudes administrativas superiores y un historial de éxito en la gestión de recursos financieros. Cuando buscaban candidatos externos para ocupar esos puestos, solían decantarse por ejecutivos de empresas como GE, IBM y P&G y de gigantes de los servicios profesionales como McKinsey y Deloitte, que tenían fama de cultivar esas aptitudes en sus directivos.

Esa práctica parece ahora historia antigua. Tanto han cambiado las cosas en las dos últimas décadas que las empresas ya no pueden dar por sentado que los líderes con un pedigrí directivo tradicional triunfarán en la C-suite. Hoy, las empresas necesitan contratar a ejecutivos capaces de motivar a plantillas diversas, tecnológicamente avanzadas y globales; que puedan desempeñar el papel de estadistas corporativos, y sepan tratar eficazmente con instituciones que van desde gobiernos soberanos a ONG influyentes; y que puedan aplicar rápida y fuertemente sus habilidades en una nueva empresa, en lo que puede ser una industria desconocida, y a menudo con colegas en la C-suite que no conocían previamente.

Estos cambios suponen un reto fenomenal para la contratación de ejecutivos, porque las capacidades que se exigen a los altos directivos incluyen aptitudes nuevas y con frecuencia «más flexibles» que rara vez se reconocen o fomentan explícitamente en el mundo empresarial. En pocas palabras, cada vez es más difícil y menos prudente confiar en los indicadores tradicionales del potencial directivo.

¿Qué deben hacer las organizaciones para afrontar este reto? Un primer paso fundamental es definir con mayor claridad qué necesitan ahora los miembros de la C-suite para tener éxito. Sí, el abanico de competencias necesarias parece haberse ampliado, pero ¿cómo exactamente? Por ejemplo, ¿qué significa en la realidad el concepto «competencias interpersonales»? ¿Y en qué medida varía de una organización a otra la necesidad de contratar a ejecutivos con competencias más amplias?

Sorprendentemente, a pesar de que casi todos los aspectos del liderazgo han sido objeto de escrutinio en los últimos años, las pruebas rigurosas sobre estos puntos cruciales son escasas. Para saber más —sobre las capacidades que ahora se demandan, cómo han cambiado con el tiempo y qué ajustes están haciendo las empresas en sus procesos de selección de candidatos—, hemos analizado recientemente los datos de Russell Reynolds Associates, una de las principales empresas de búsqueda de directivos del mundo. Russell Reynolds y sus competidores desempeñan un papel esencial en los mercados laborales de directivos: entre el 80 % y el 90 % de las empresas de Fortune 250 y FTSE 100 recurren a los servicios de estas firmas cuando toman una decisión de sucesión que implica elegir entre varios candidatos. (Aclaración: Russell Reynolds ha realizado recientemente búsquedas de ejecutivos para Harvard Business Publishing, que publica *Harvard Business Review*).

Para nuestra investigación, Russell Reynolds nos dio un acceso sin precedentes a casi 5000 *job descriptions* que había desarrollado en colaboración con sus clientes entre 2000 y 2017. Los datos eran suficientes para estudiar las expectativas no solo del CEO, sino también de otros cuatro líderes clave de la C-suite: el director financiero, el director de información, el director de recursos humanos y el director de

En pocas palabras

La tendencias

Ya no es seguro dar por sentado que los líderes con pedigrí directivo tradicional triunfarán en la C-suite. Un análisis de los datos de búsqueda de directivos muestra que las empresas actuales dan prioridad a las habilidades sociales por encima de los conocimientos técnicos, la experiencia en gestión financiera y otras cualificaciones.

La explicación

Hoy en día, las grandes empresas tienen operaciones cada vez más complejas, una mayor dependencia de la tecnología, más diversidad de personal y una enorme responsabilidad pública por su comportamiento. Dirigir en estas circunstancias exige una gran capacidad de escucha y comunicación, así como la habilidad de relacionarse bien con múltiples grupos de interés.

El camino que seguir

Para tener éxito en los próximos años, las empresas tendrán que averiguar cómo evaluar eficazmente las habilidades sociales de los candidatos. También tendrán que convertirlas en parte integrante de sus estrategias de gestión del talento.

marketing. Que sepamos, nunca antes se había analizado una colección tan completa de descripciones de puestos de alta dirección. (Para más información sobre cómo trabajamos con los datos, véase el recuadro «Acerca de la investigación»).

Nuestro estudio arrojó una serie de conclusiones. La principal es la siguiente: en las dos últimas décadas, las empresas han redefinido significativamente las funciones de los ejecutivos de la C-suite. Las capacidades tradicionales mencionadas antes —en particular, la gestión de los recursos financieros y operativos— siguen siendo muy importantes. Pero hoy en día, cuando las empresas buscan altos directivos, en especial nuevos CEO, atribuyen menos importancia a esas capacidades

Acerca de la investigación

Este artículo se basa en un exhaustivo conjunto de datos extraídos de casi cinco mil *job descriptions* recopiladas por Russell Reynolds Associates y empresas que realizan búsquedas para diversos puestos de C-suite. Traducir esos datos en variables susceptibles de análisis cuantitativo no fue tarea fácil, porque las descripciones de puestos no seguían una estructura ni un contenido estándar. Nuestro planteamiento consistió en dos pasos.

En primer lugar, definimos un conjunto específico de requisitos de cualificación pertinentes para los directores ejecutivos. Empezamos por examinar la base de datos O*NET del Departamento de Trabajo de Estados Unidos (un repositorio de información sobre más de mil ocupaciones) para ver qué habilidades figuraban en las funciones de «director ejecutivo». A continuación, las clasificamos en seis grupos que incluían tareas similares: gestión de recursos financieros y materiales; supervisión de los resultados de la empresa; gestión de recursos humanos; gestión de tareas administrativas; procesamiento y uso de información compleja, y ejercicio de habilidades sociales.

El segundo paso consistió en determinar el grado de similitud semántica entre las descripciones de los puestos de trabajo facilitadas por Russell Reynolds y los grupos de competencias de la O*NET.

Ambos pasos se basaron en un modelo de lenguaje directivo que desarrollamos aplicando técnicas de aprendizaje automático de última generación (word2vec) a un corpus compuesto por todos los artículos de *Harvard Business Review* publicados desde la creación de la revista en 1922.

---

que antes y, en su lugar, priorizan otra por encima de todas las demás: tener fuertes habilidades sociales. (Véase «Se buscan directores generales con don de gentes»).

Cuando hablamos de «habilidades sociales», nos referimos a ciertas capacidades específicas, como un alto nivel de autoconocimiento, la capacidad de escuchar y comunicarse bien, la facilidad para trabajar

Se buscan directores generales con don de gentes

Desde 2007, las empresas que anuncian vacantes en la C-suite han hecho cada vez más hincapié en la importancia de las habilidades sociales y han restado importancia a la experiencia operativa.

Variación respecto al año 2000

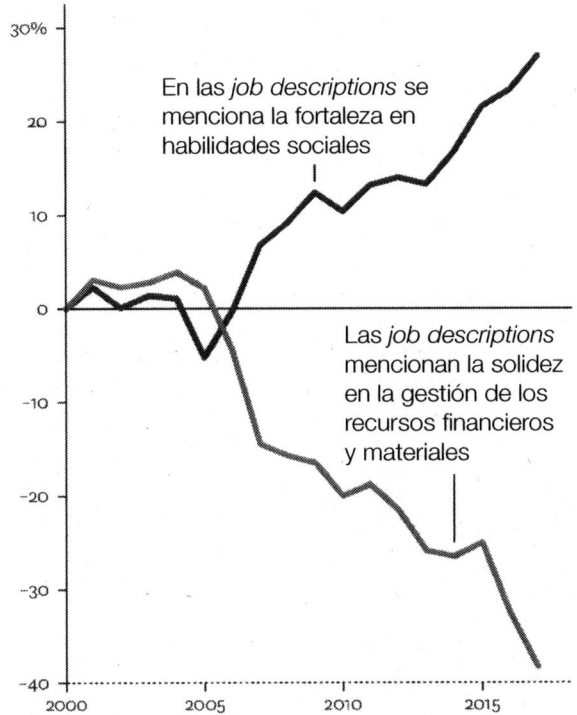

NOTA: Las descripciones de los puestos correspondían a casi 5000 puestos de la C-suite anunciados por la empresa de búsqueda de directivos Russell Reynolds Associates. Los datos se estimaron en un modelo de regresión que controla las diferencias sectoriales y otras variables. Los coeficientes posteriores a 2007 son significativamente distintos de cero en ambos grupos de competencias.

con distintos tipos de personas y grupos, y lo que los psicólogos denominan «teoría de la mente», es decir, la capacidad de inferir cómo piensan y sienten los demás. La magnitud del cambio en los últimos años hacia estas capacidades es más significativa en el caso de los CEO, pero también es pronunciada en los otros cuatro puestos de la C-suite que hemos estudiado.

Nuestro análisis reveló que las habilidades sociales son especialmente importantes en entornos en los que la productividad depende de una comunicación eficaz, como ocurre invariablemente en las compañías grandes, complejas y con un alto nivel de cualificación que contratan a empresas de búsqueda de directivos. En estas organizaciones, los directores generales y otros altos cargos no pueden limitarse a realizar tareas operativas rutinarias. También tienen que pasar mucho tiempo interactuando con los demás y facilitando la coordinación: comunicando información, facilitando el intercambio de ideas, creando y supervisando equipos, e identificando y resolviendo problemas.

Curiosamente, la evolución de los requisitos de competencias en la C-suite es paralela a la evolución de la mano de obra en su conjunto. Hoy en día, en todos los niveles de empleo, cada vez son más los puestos que requieren habilidades sociales muy desarrolladas. David Deming, de Harvard, entre otros, ha demostrado que estos empleos han crecido a un ritmo más rápido que el mercado laboral en su conjunto, y que su remuneración está creciendo por encima de la media.

¿Y qué implicaciones tiene para el desarrollo ejecutivo, la planificación de la sucesión de los CEO y la organización de la C-suite? Este artículo ofrece algunas ideas preliminares.

Las principales razones del cambio

Hemos identificado dos motores principales de la creciente demanda de habilidades sociales.

Tamaño y complejidad de la empresa

El interés por las habilidades sociales es especialmente evidente en las grandes compañías. Además, entre las empresas de tamaño similar, la demanda de habilidades sociales es mayor en las organizaciones multinacionales que cotizan en bolsa y en las que participan en fusiones y adquisiciones. Estos patrones son coherentes con la idea de que, en organizaciones más grandes y complejas, los altos directivos deben coordinar cada vez más conocimientos dispares y especializados, poner en contacto los problemas de la organización con las personas que pueden resolverlos y orquestar eficazmente la comunicación interna. Para todas esas tareas, es útil ser capaz de interactuar bien con los demás.

Pero la importancia de las habilidades sociales en las grandes empresas se debe a algo más que a la complejidad de sus operaciones. También refleja la red de relaciones críticas que los líderes de estas empresas deben cultivar y mantener con grupos externos.

La diversidad y el número de esas relaciones pueden ser desalentadores. Los ejecutivos de las empresas públicas tienen que preocuparse no solo de los mercados de productos, sino también de los mercados de capitales. Tienen que informar a los analistas, cortejar a los gestores de activos y dirigirse a la prensa económica. Deben responder a diversos tipos de reguladores en múltiples jurisdicciones. Se espera de ellos que se comuniquen bien con clientes y proveedores clave. Durante las fusiones y adquisiciones, tienen que atender cuidadosamente a quienes son importantes para cerrar la transacción y apoyar la integración posterior a la fusión. Por tanto, para tener éxito en todos estos ámbitos, son fundamentales unas habilidades sociales muy desarrolladas.

Tecnologías de tratamiento de la información

«Cuanto más automaticemos el tratamiento de la información, más oportunidades tendremos que crear para una comunicación eficaz», escribió el gurú de la gestión Peter Drucker hace varias décadas. Ha resultado ser clarividente: las empresas que hoy en día dependen en gran medida de las tecnologías de tratamiento de la información suelen ser también las que necesitan líderes con aptitudes sociales especialmente fuertes.

He aquí por qué. Cada vez más, en todos los ámbitos de la organización, cuando las empresas automatizan tareas rutinarias, su competitividad depende de capacidades que los sistemas informáticos sencillamente no tienen, como el juicio, la creatividad y la percepción. En las empresas tecnológicamente intensivas, donde la automatización está muy extendida, los directivos tienen que alinear una plantilla heterogénea, responder a acontecimientos inesperados y gestionar los conflictos en el proceso de toma de decisiones.

Además, la mayoría de las empresas actuales dependen de muchas de las mismas plataformas tecnológicas: Amazon Web Services, Facebook, Google, Microsoft, Salesforce, Workday. Esto significa que tienen menos oportunidades de diferenciarse basándose únicamente en inversiones tecnológicas tangibles. Cuando todos los competidores importantes de un mercado utilizan el mismo conjunto de herramientas, los líderes deben distinguirse por una gestión superior de las personas que utilizan esas herramientas. Esto les exige ser comunicadores de primera categoría en todos los aspectos, capaces tanto de concebir los mensajes adecuados como de transmitirlos con empatía.

En resumen, a medida que se confíen más tareas a la tecnología, los trabajadores con aptitudes sociales superiores serán demandados a todos los niveles y tendrán una prima en el mercado laboral.

Otros factores

Nuestra investigación sugiere que el creciente interés por las habilidades sociales se ve estimulado por dos factores adicionales. Son más difíciles de cuantificar, pero pueden desempeñar un papel importante en el cambio que se está produciendo.

Medios sociales y tecnologías de redes

Históricamente, los CEO no atraían mucho la atención popular ni buscaban estar en el foco. Aunque otros empresarios, inversores y miembros de la prensa económica les prestaban atención, el público en general no lo hacía, salvo en los casos de CEO «famosos» como Jack Welch de GE, Akio Morita de Sony y Lee Iacocca de Chrysler.

Esa era ha terminado. A medida que las empresas se alejan de la primacía de los accionistas y se centran más ampliamente en el capitalismo de las partes interesadas, se espera que los CEO y otros altos directivos sean figuras públicas. Están obligados no solo a interactuar con una gama cada vez más amplia de grupos de interés internos y externos, sino a hacerlo personalmente y con transparencia y responsabilidad. Ya no pueden confiar en las funciones de apoyo —el equipo de comunicación corporativa, el departamento de relaciones gubernamentales, etc.— para ocuparse de todas esas relaciones.

Además, los altos directivos deben gestionar las interacciones en tiempo real, gracias a la creciente prevalencia tanto de las redes sociales (que pueden captar y dar a conocer errores casi instantáneamente) como de plataformas de red como Slack y Glassdoor (que permiten a los empleados difundir información y opiniones sobre sus compañeros y jefes).

En el pasado, también se esperaba que los ejecutivos fueran capaces de explicar y defenderlo todo, desde sus estrategias empresariales hasta sus prácticas de RR. HH. Pero lo hacían en un entorno controlado, en un momento y un lugar elegidos por la dirección. Ahora deben estar constantemente atentos a cómo perciben sus decisiones los distintos públicos. No conseguir los objetivos previstos, aunque solo sea con un puñado de empleados u otras personas, puede ser perjudicial.

Así que las habilidades sociales son muy importantes. Los miembros de la C-suite deben ser hábiles para comunicarse espontáneamente y anticipar cómo sus palabras y acciones irán más allá del contexto inmediato.

Diversidad e inclusión

Otro nuevo reto para los directores generales y otros altos cargos es abordar las cuestiones de diversidad e inclusión de forma pública, empática y proactiva. Esto también exige grandes habilidades sociales, sobre todo la teoría de la mente. Los ejecutivos que poseen esa percepción de los estados mentales de los demás pueden moverse con más facilidad entre los distintos grupos de empleados, hacer que se sientan escuchados y representar sus intereses dentro de la organización, ante el consejo de administración y ante grupos externos. Y, lo que es más importante, pueden fomentar un entorno en el que prosperen los talentos diversos.

Nuevas áreas de interés

Dado el papel fundamental que desempeñan las habilidades sociales en el éxito del liderazgo hoy en día, las empresas tendrán que volver a centrarse en las siguientes áreas a la hora de contratar y cultivar nuevos líderes.

Desarrollar sistemáticamente las habilidades sociales

Tradicionalmente, los consejos de administración y los altos ejecutivos han cultivado a los futuros líderes haciéndolos rotar por departamentos y funciones críticos, destinándolos a diversos lugares geográficos y sometiéndolos a programas de desarrollo ejecutivo. Se suponía que la mejor manera de preparar a los directivos prometedores para un futuro en la C-suite era hacer que desarrollaran una profunda competencia en una variedad de funciones administrativas y operativas.

Con este modelo, evaluar el éxito y el fracaso era razonablemente sencillo. Los procesos funcionaban bien o no; los resultados se conseguían o no. Por supuesto, las habilidades sociales eran importantes: a medida que los recién llegados avanzaban en sus funciones y ubicaciones, su capacidad para entablar rápidamente relaciones constructivas con colegas, clientes, reguladores y proveedores afectaba a su rendimiento. Pero esas aptitudes se consideraban un extra. Eran un medio para alcanzar objetivos operativos (un requisito previo para ascender) y rara vez se evaluaban de forma explícita, sistemática y objetiva.

Hoy en día, las empresas aprecian mejor la importancia de las habilidades sociales en el rendimiento de los ejecutivos, pero han avanzado poco en el diseño de procesos para evaluar el dominio de esas habilidades por parte de un candidato y determinar su aptitud para seguir creciendo. Pocas empresas invierten en formación para mejorar las habilidades de entrevista de los empleados que participan en la contratación, y menos aún de los altos ejecutivos o directores independientes, que se supone que tienen la experiencia y perspectiva necesarias para emitir juicios acertados.

Conseguir referencias también es problemático: las empresas suelen llevar a cabo las búsquedas de altos cargos con un alto grado de confidencialidad, tanto para protegerse a sí mismas (una filtración podría costarles la mejor opción) como para proteger a los candidatos (que podrían no querer que sus empleadores supieran que están abiertos a ofertas de trabajo). Además, es probable que las personas que realizan las entrevistas y las que proporcionan referencias formen parte de las mismas redes pequeñas y homogéneas que la mayoría de los candidatos, lo que aumenta significativamente el riesgo de sesgo en el proceso de toma de decisiones. Por ejemplo, los miembros del consejo tienden a apoyar a candidatos recomendados por amigos o con antecedentes similares a los suyos. Pueden suponer erróneamente que esas personas poseen habilidades sociales ampliamente aplicables solo porque conectaron con facilidad con ellas en las entrevistas.

Para evaluar mejor las habilidades sociales, algunas empresas realizan ahora evaluaciones psicométricas o simulaciones. Las pruebas psicométricas (diseñadas para medir los rasgos de personalidad y el estilo de comportamiento) pueden ayudar a determinar si una persona es extrovertida y se siente cómoda con desconocidos, pero arrojan poca luz sobre la eficacia de esa persona a la hora de interactuar con diversos grupos. Los ejercicios de simulación, por su parte, se utilizan desde hace tiempo para evaluar cómo responden las personas ante circunstancias difíciles, pero suelen diseñarse en torno a un escenario concreto, como una crisis de seguridad de un producto o la llegada de un inversor activista a la empresa. Los simulacros son más adecuados para evaluar las habilidades administrativas y técnicas de los candidatos en tales situaciones que su capacidad para coordinar equipos o interactuar espontáneamente con diversos grupos de interés. Aun así, estos ejercicios no se utilizan mucho, debido al tiempo y al dinero necesarios para ejecutarse bien.

En sus programas de desarrollo de directivos, las empresas necesitan hoy un enfoque sistemático para desarrollar y evaluar las habilidades sociales. Puede que incluso precisen darles prioridad frente a las habilidades «tangibles» que los directivos prefieren actualmente porque son muy fáciles de evaluar. Las empresas deben colocar a los líderes de alto potencial en puestos que los obliguen a interactuar con diversos grupos de empleados y grupos de interés externos y, a continuación, supervisar de cerca su rendimiento en esas funciones.

Evaluar las habilidades sociales de forma innovadora

Los criterios que las empresas han utilizado tradicionalmente para evaluar a los candidatos a puestos directivos —como el historial laboral, las cualificaciones técnicas y la trayectoria profesional— tienen un valor limitado a la hora de evaluar las habilidades sociales. Las empresas tendrán que crear nuevas herramientas si quieren establecer una base objetiva para evaluar y comparar las capacidades de las personas en este ámbito. Pueden actuar de forma independiente o en colaboración con las empresas de servicios profesionales que las apoyen, pero en ambos casos deberán diseñar soluciones a medida para satisfacer sus necesidades particulares.

Aunque todavía no se han desarrollado herramientas adecuadas para las búsquedas en los niveles más altos de las organizaciones, se está innovando considerablemente cuando se trata de determinar las aptitudes de los solicitantes de empleo de niveles inferiores y colocarlos en los puestos adecuados. Empresas como Eightfold y Gloat, por ejemplo, utilizan la inteligencia artificial para mejorar la compatibilidad entre candidatos y empleadores. También se están utilizando nuevas herramientas personalizadas para identificar competencias adyacentes y crear mercados internos de talento, lo cual ayuda a las empresas a asignar más rápidamente empleados cualificados a tareas importantes. Los algoritmos subyacentes se basan en enormes conjuntos de datos, lo que plantea un reto tecnológico, pero este enfoque es prometedor para la contratación de ejecutivos.

Del mismo modo, Pymetrics, entre otras empresas, está extrayendo información de la investigación conductual a nivel mundial para ver cómo encajan determinados candidatos en una organización o en un puesto específico. Este enfoque ha demostrado su utilidad para evaluar una amplia gama de competencias interpersonales y reducir los prejuicios en la contratación. Recientes trabajos académicos demuestran la utilidad de aprovechar la investigación del comportamiento: Ben Weidmann y David Deming, de Harvard, por ejemplo, han descubierto que la prueba de lectura de la mente en los ojos, una medida bien establecida de la inteligencia social, puede predecir eficazmente el rendimiento de las personas en entornos de equipo. Si las empresas desarrollan nuevas pruebas basadas en los mismos principios, sus consejos de administración deberían ser capaces de obtener una comprensión más completa y objetiva de las habilidades sociales de los candidatos a la C-suite.

Hacer hincapié en el desarrollo de las habilidades sociales a todos los niveles

Las empresas que recurren a la contratación externa para encontrar ejecutivos con habilidades sociales superiores están jugando a un juego peligroso. Por un lado, la competencia por este tipo de personas será feroz. Por otro, es intrínsecamente arriesgado colocar a alguien de fuera —incluso a alguien cuidadosamente investigado— en un puesto directivo. De lo que sí se beneficiarán las empresas es de un enfoque de «crecimiento propio» que permita a los jóvenes talentos internos demostrar una serie de habilidades interpersonales y perfeccionarlas.

Evaluación de las habilidades sociales colectivas en la C-suite

Cada vez más, los consejos de administración y los ejecutivos de las empresas tendrán que desarrollar y evaluar las habilidades sociales no solo de los líderes de forma individual, sino de la C-suite en su conjunto. La debilidad o ineptitud de cualquier persona del equipo tendrá un efecto sistémico en el grupo, especialmente en el CEO. Las empresas son conscientes de ello: las habilidades sociales están ganando importancia relativa en los criterios de búsqueda de los cinco puestos ejecutivos que hemos estudiado. Además, a medida que los CEO sigan desempeñando un papel más importante en la gestión del personal y de los grupos de interés, es posible que se reconfiguren las responsabilidades dentro de la C-suite y que otros ejecutivos necesiten también sólidas habilidades sociales.

El camino que seguir

Como ya hemos dicho, las empresas siguen valorando a los directivos con habilidades administrativas y operativas tradicionales. Pero cada vez buscan más personas con habilidades sociales muy desarrolladas, especialmente si sus organizaciones son grandes, complejas y tecnológicamente intensivas.

Sin embargo, ¿lograrán realmente las empresas contratar a personas diferentes? Es una pregunta abierta. La respuesta dependerá en buena medida de si son capaces de evaluar eficazmente las habilidades sociales de los candidatos y de si deciden hacer del cultivo de las habilidades sociales un componente integral de sus estrategias de gestión del talento.

En nuestra opinión, las empresas van a tener que hacer ambas cosas para seguir siendo competitivas. Para ello, deberían animar a las escuelas de negocios y a otros centros de enseñanza a hacer más hincapié en las habilidades sociales en sus planes de estudios de MBA y de nivel ejecutivo, y desafiar a las empresas de búsqueda y a otros intermediarios a idear mecanismos innovadores para identificar y evaluar a los candidatos.

Las propias empresas también tendrán que hacer las cosas de otra manera. A la hora de contratar y evaluar el talento externo, deben dar prioridad a las habilidades sociales. Lo mismo cabe decir a la hora de medir el rendimiento de los ejecutivos actuales y fijar su retribución. Además, las empresas deben hacer de las habilidades sociales un criterio para la promoción, y encargar a los supervisores que fomenten estas habilidades en los subordinados de alto potencial.

En los próximos años, algunas empresas se centrarán en tratar de identificar y contratar mejor a los líderes con «lo que hay que tener»; otras prestarán más atención a la formación y retención de directivos. Pero, sea cual sea el enfoque que adopten, está claro que, para tener éxito en un entorno empresarial cada vez más difícil, tendrán que replantearse profundamente sus prácticas actuales.

2

El líder centrado

por Daniel Goleman

Una tarea primordial del liderazgo es dirigir la atención. Para ello, los líderes deben aprender a centrar su propia atención. Cuando hablamos de estar concentrados, solemos referirnos a pensar en una cosa mientras filtramos las distracciones. Pero una gran cantidad de investigaciones recientes en neurociencia demuestran que nos centramos de muchas maneras, con diferentes propósitos, recurriendo a distintas vías neuronales; algunas de ellas trabajan en conjunto, mientras que otras tienden a oponerse.

Agrupar estos modos de atención en tres grandes categorías —centrarse en uno mismo, centrarse en los demás y centrarse en el resto del mundo— arroja nueva luz sobre la práctica de muchas habilidades esenciales de liderazgo. Centrarse en uno mismo y en los demás de forma constructiva ayuda a los líderes a cultivar los principales elementos de la inteligencia emocional. Una comprensión más completa de cómo se centran en el mundo en general puede mejorar su capacidad para diseñar estrategias, innovar y gestionar organizaciones.

Todo líder necesita cultivar esta tríada de conciencia, en abundancia y con el equilibrio adecuado, porque no centrarse en el interior lo deja sin timón, no centrarse en los demás lo vuelve despistado, y no centrarse en el exterior puede dejarlo a ciegas.

Centrarse en uno mismo

La inteligencia emocional comienza con el conocimiento de uno mismo, es decir, con el contacto con la voz interior. Los líderes que prestan atención a su voz interior pueden utilizar más recursos para tomar mejores decisiones y conectar con su auténtico yo. Pero ¿qué implica esto? Una mirada a cómo las personas se centran en su interior puede hacer que este concepto abstracto sea más concreto.

Autoconciencia

Escuchar la voz interior es cuestión de prestar atención a las señales fisiológicas internas. La ínsula, situada detrás de los lóbulos frontales del cerebro, controla estas sutiles señales. Prestar atención a cualquier parte del cuerpo aumenta la sensibilidad de la ínsula a esa parte. Si se presta atención a los latidos del corazón, la ínsula activa más neuronas en ese circuito. De hecho, la capacidad de las personas para percibir los latidos de su corazón se ha convertido en un método estándar para medir su autoconciencia.

Los sentimientos viscerales son mensajes de la ínsula y la amígdala, que el neurocientífico Antonio Damasio, de la Universidad del Sur de California, denomina marcadores somáticos. Esos mensajes son sensaciones de que algo «está bien» o «está mal». Los marcadores somáticos simplifican la toma de decisiones guiando nuestra atención hacia las mejores opciones. No son infalibles (¿cuántas veces fue correcta esa sensación de que te habías dejado la cocina encendida?), así que, cuanto más exhaustivamente los leamos, mejor utilizaremos nuestra intuición. (Véase «¿Estás hojeando esta barra lateral?»).

Consideremos, por ejemplo, las implicaciones de un análisis de entrevistas realizadas por un grupo de investigadores británicos a 118 operadores profesionales y 10 altos directivos de cuatro bancos de inversión de la City londinense. Los operadores con más éxito (con unos ingresos anuales medios de 500.000 libras) no eran ni los que se basaban totalmente en el análisis ni los que se dejaban llevar por sus instintos. Se centraban en toda una gama de emociones, que utilizaban para juzgar el valor de su intuición. Cuando sufrían pérdidas, reconocían su ansiedad, se volvían más cautos y asumían menos riesgos.

En pocas palabras

El problema

Una tarea primordial del liderazgo es dirigir la atención. Para ello, los líderes deben aprender a centrar su propia atención.

El argumento

La gente suele pensar que «estar concentrado» significa filtrar las distracciones y concentrarse en una sola cosa. Pero una gran cantidad de investigaciones neurocientíficas recientes demuestran que centramos la atención de muchas maneras, con diferentes propósitos y recurriendo a diferentes vías neuronales.

La solución

Todo líder necesita cultivar una tríada de conciencia: un enfoque interior, un enfoque en los demás y un enfoque exterior. Centrarse en el interior y en los demás ayuda a los líderes a cultivar la inteligencia emocional. Centrarse en los demás puede mejorar su capacidad para diseñar estrategias, innovar y gestionar organizaciones.

Los operadores con menos éxito (con unos ingresos medios de solo 100.000 libras esterlinas) tendían a ignorar su ansiedad y seguir adelante. Como no prestaron atención a un conjunto más amplio de señales internas, fueron engañados.

Centrarse en las impresiones sensoriales de uno mismo en el momento es uno de los principales elementos de la autoconciencia. Pero otro es fundamental para el liderazgo: combinar nuestras experiencias a lo largo del tiempo en una visión coherente de nuestro auténtico yo.

Ser auténtico significa ser la misma persona para los demás que para uno mismo. En parte, eso implica prestar atención a lo que los demás piensan de ti, sobre todo las personas cuyas opiniones aprecias y que son sinceras en sus comentarios. Una variedad de enfoque que

¿Estás hojeando esta barra lateral?

¿Te cuesta recordar lo que alguien acaba de decirte en una conversación? ¿Has conducido esta mañana al trabajo con el piloto automático? ¿Te concentras más en tu *smartphone* que en la persona con la que estás comiendo?

La atención es un músculo mental; como cualquier otro músculo, puede fortalecerse mediante el ejercicio adecuado. El método fundamental para desarrollar la atención deliberada es sencillo: cuando tu mente divague, date cuenta de que ha divagado, tráela de vuelta al punto de atención deseado y mantenla ahí todo el tiempo que puedas. Este ejercicio básico es la base de prácticamente todos los tipos de meditación. La meditación aumenta la concentración y la calma y facilita la recuperación de la agitación del estrés.

Lo mismo ocurre con un videojuego llamado *Tenacity*, desarrollado por un grupo de diseño y neurocientíficos de la Universidad de Wisconsin y de la Universidad de California. El juego ofrece un viaje tranquilo por media docena de escenarios, desde un desierto árido hasta una escalera de fantasía en espiral hacia el cielo. En el nivel de principiante hay que tocar la pantalla del iPad con un dedo cada vez que se exhala; el reto consiste en tocar con dos dedos cada cinco respiraciones. A medida que subes de nivel, se te presentan más distracciones: un helicóptero que entra en escena, un avión que da una vuelta de campana, una bandada de pájaros que pasa de repente a tu lado.

Cuando los jugadores están en sintonía con el ritmo de su respiración, experimentan el refuerzo de la atención selectiva como una sensación de concentración tranquila, como en la meditación. En diciembre de 2019, la revista *Nature* publicó un estudio en el que se afirmaba que, tras varias semanas de juego, este podría aumentar sutilmente la conectividad entre varias regiones del cerebro asociadas con la atención.

La Universidad de Stanford está explorando esa conexión en su Laboratorio de Tecnología Calmante, que desarrolla dispositivos relajantes, como un cinturón que detecta la frecuencia respiratoria. Si una bandeja de entrada repleta, por ejemplo, desencadena lo que se ha dado en llamar apnea del correo electrónico, una aplicación para iPhone puede guiarte a través de ejercicios para calmar tu respiración y tu mente.

resulta útil en este caso es la conciencia abierta, en la que nos damos cuenta de lo que ocurre a nuestro alrededor sin dejarnos atrapar ni arrastrar por nada en particular. En este modo, no juzgamos, censuramos ni desconectamos; simplemente percibimos.

Los líderes que están más acostumbrados a dar opiniones que a recibirlas pueden tener dificultades. Una persona que tiene problemas para mantener la conciencia abierta suele verse atrapada por detalles irritantes, como los compañeros de viaje en la cola de seguridad del aeropuerto, que tardan una eternidad en introducir sus bultos en el escáner. Alguien que pueda mantener su conciencia en modo abierto se fijará en los viajeros, pero no se preocupará por ellos, y captará más cosas de su entorno. (Véase la barra lateral «Amplía tu conciencia»).

Por supuesto, estar abierto a recibir aportaciones no garantiza que alguien las haga. Desgraciadamente, la vida nos ofrece pocas oportunidades de saber cómo nos ven los demás, y menos aún a los ejecutivos que ascienden en el escalafón. Tal vez por eso uno de los cursos más populares y con mayor número de alumnos matriculados en la Harvard Business School es el de Desarrollo del Liderazgo Auténtico de Bill George, en el que George ha creado lo que él llama «grupos True North» para potenciar este aspecto del autoconocimiento.

Estos grupos (que cualquiera puede formar) se basan en el precepto de que la autoconciencia empieza por la autorrevelación. En consecuencia, son abiertos e íntimos, «un lugar seguro donde los miembros pueden hablar de cuestiones personales que no sienten que puedan plantear en otro lugar, a menudo ni siquiera con sus familiares más cercanos», explica George. ¿De qué sirve eso? «No sabemos quiénes somos hasta que nos oímos a nosotros mismos contar la historia de nuestras vidas a aquellos en quienes confiamos», afirma George. Es una forma estructurada de cotejar nuestra visión de nosotros mismos con la de nuestros colegas de mayor confianza: una comprobación externa de nuestra autenticidad».

Autocontrol

«Control cognitivo» es el término científico que designa el hecho de poner la atención donde uno quiere y mantenerla ahí frente a la tentación de divagar. Esta concentración es un aspecto de la función ejecutiva

Amplía tu conciencia

Del mismo modo que el objetivo de una cámara puede enfocar un punto concreto o una vista panorámica, puedes enfocar de forma cerrada o abierta.

Una medida de la conciencia abierta presenta a las personas un flujo de letras y números, como S, K, O, E, 4, R, T, 2, H, P. Al escanear el flujo, muchas personas se fijarán en el primer número, el 4, pero después su atención parpadeará. Los que estén en modo de conciencia abierta registrarán también el segundo número.

Reforzar la capacidad de mantener una conciencia abierta requiere que los líderes hagan algo que roza lo antinatural: cultivar, al menos a veces, la voluntad de no tener el control, de no ofrecer sus propios puntos de vista, de no juzgar a los demás. No se trata tanto de una acción deliberada como de un ajuste de actitud.

Un camino para hacer ese ajuste es a través del poder clásico del pensamiento positivo, porque el pesimismo estrecha nuestro enfoque, mientras que las emociones positivas amplían nuestra atención y nuestra receptividad a lo nuevo e inesperado. Una forma sencilla de pasar al modo positivo es preguntarse: «Si todo funcionara a la perfección en mi vida, ¿qué estaría haciendo dentro de diez años?». ¿Por qué es eficaz? Porque, según Richard Davidson, neurocientífico de la Universidad de Wisconsin, cuando uno está de buen humor, el área prefrontal izquierda del cerebro se ilumina. Esa zona alberga los circuitos que nos recuerdan lo bien que nos sentiremos cuando alcancemos algún objetivo largamente perseguido.

«Hablar de objetivos y sueños positivos activa centros cerebrales que te abren a nuevas posibilidades —dice Richard Boyatzis, psicólogo de Case Western Reserve—. Pero, si cambias la conversación a lo que debes hacer para arreglarte, te las cierra... Necesitas lo negativo para sobrevivir, pero lo positivo para prosperar».

del cerebro, que se localiza en el córtex prefrontal. Un término coloquial para referirse a ella es «fuerza de voluntad».

El control cognitivo permite a los ejecutivos perseguir un objetivo a pesar de las distracciones y de los contratiempos. Los mismos circuitos neuronales que permiten perseguir los objetivos con determinación también controlan las emociones rebeldes. Un buen control cognitivo se observa en las personas que mantienen la calma en una crisis, controlan su propia agitación y se recuperan de una debacle o una derrota.

Décadas de investigación demuestran la singular importancia de la fuerza de voluntad para el éxito del liderazgo. Especialmente convincente es un estudio longitudinal que rastrea el destino de los 1037 niños nacidos durante un año concreto de la década de 1970 en la ciudad neozelandesa de Dunedin. Durante su infancia, los niños fueron sometidos a una serie de pruebas de fuerza de voluntad, incluida la legendaria prueba del malvavisco del psicólogo Walter Mischel, que consistía en elegir entre comerse un malvavisco al momento o comerse dos esperando quince minutos. En los experimentos de Mischel, aproximadamente un tercio de los niños coge el malvavisco en el acto, otro tercio aguanta un poco más y el tercio restante consigue aguantar todo el cuarto de hora.

Años más tarde, cuando los niños del estudio de Dunedin tenían más de treinta años (y se había vuelto a localizar a todos menos al 4%), los investigadores descubrieron que los que habían tenido el control cognitivo suficiente para resistirse más tiempo al malvavisco gozaban de mejor salud, tenían más éxito económico y respetaban más la ley que los que habían sido incapaces de aguantar. De hecho, el análisis estadístico demostró que el nivel de autocontrol de un niño era un factor predictivo del éxito económico más potente que el cociente intelectual, la clase social o las circunstancias familiares.

La forma en que nos concentramos es la clave para ejercer la fuerza de voluntad, afirma Mischel. Tres subvariedades del control cognitivo entran en juego cuando se opone la autocontención a la autogratificación: la capacidad de desviar voluntariamente la atención de un objeto de deseo, la capacidad de resistir la distracción para no volver a ese objeto y la capacidad de concentrarse en el objetivo futuro e imaginar lo bien que uno se sentirá cuando lo consiga. Como adultos, los niños de Dunedin pueden haber sido rehenes de sus yoes más jóvenes, pero no tenían por qué serlo, porque el poder de concentrarse puede desarrollarse. (Véase el recuadro «Aprende a contenerte»).

Centrarse en los demás

La palabra «atención» viene del latín *attendere*, que significa 'alcanzar hacia'. Se trata de una definición perfecta de la atención a los demás, que es la base de la empatía y de la capacidad para entablar relaciones sociales, los pilares segundo y tercero de la inteligencia emocional.

Es fácil reconocer a los ejecutivos capaces de centrarse eficazmente en los demás. Son los que encuentran puntos en común, cuyas opiniones tienen más peso y con quienes los demás quieren trabajar. Surgen como líderes naturales, independientemente del rango organizativo o social.

La tríada de la empatía

Solemos hablar de la empatía como un único atributo. Sin embargo, si analizamos detenidamente en qué se centran los líderes cuando la muestran, descubriremos tres tipos distintos, cada uno de ellos importante para la eficacia del liderazgo:

- **Empatía cognitiva**: la capacidad de comprender la perspectiva de otra persona.

- **Empatía emocional**: la capacidad de sentir lo que siente otra persona.

- **Preocupación empática**: la capacidad de percibir lo que otra persona necesita de ti.

La empatía cognitiva permite a los líderes explicarse de manera significativa, una habilidad esencial para obtener el mejor rendimiento de sus subordinados directos. Contrariamente a lo que cabría esperar, el ejercicio de la empatía cognitiva requiere que los líderes piensen en los sentimientos en lugar de sentirlos directamente.

Aprende a contenerte

Rápido. Aquí hay una prueba de control cognitivo. ¿En qué dirección apunta la flecha del medio de cada fila?.

La prueba, denominada Eriksen Flanker Task, mide tu susceptibilidad a la distracción. Cuando se realiza en condiciones de laboratorio, pueden detectarse diferencias de una milésima de segundo en la velocidad con la que los sujetos perciben en qué dirección apuntan las flechas centrales. Cuanto mayor es su control cognitivo, menos susceptibles son a la distracción.

Las intervenciones para reforzar el control cognitivo pueden ser tan sencillas como jugar a *Simón dice* o a *Luz roja*, es decir, cualquier ejercicio en el que uno debe detenerse cuando se le indique. Los estudios sugieren que, cuanto mejor juegue un niño a las sillas musicales, más fuerte será su cableado prefrontal para el control cognitivo.

Un método de aprendizaje social y emocional (SEL, por sus siglas en inglés) que se utiliza para reforzar el control cognitivo de los escolares en Estados Unidos se basa en un principio igualmente sencillo. Cuando se enfrentan a un problema molesto, se les dice que piensen en una señal de tráfico. La luz roja significa que hay que parar, calmarse y pensar antes de actuar. La luz amarilla significa reducir la velocidad y pensar en varias soluciones posibles. La luz verde significa probar un plan y ver cómo funciona. Pensar en estos términos permite a los niños pasar de los impulsos enviados por la amígdala al comportamiento deliberado lanzado por el prefrontal.

Nunca es tarde para que los adultos fortalezcan también estos circuitos. Las sesiones diarias de práctica de la conciencia plena funcionan de forma parecida a las sillas musicales y otros SEL. En estas sesiones centras tu atención en la respiración y practicas el seguimiento de tus pensamientos y sentimientos sin dejarte arrastrar por ellos. Cuando notes que tu mente se ha desviado, simplemente vuelve a la respiración. Parece fácil, pero inténtalo durante diez minutos y verás que hay una curva de aprendizaje.

La naturaleza inquisitiva alimenta la empatía cognitiva. En palabras de un ejecutivo de éxito con este rasgo: «Siempre he querido aprenderlo todo, entender a cualquiera que estuviera a mi alrededor: por qué pensaban lo que hacían, por qué hacían lo que hacían, qué les funcionaba y qué no». Pero la empatía cognitiva es también una consecuencia de la autoconciencia. Los circuitos ejecutivos que nos permiten reflexionar sobre nuestros propios pensamientos y controlar los sentimientos que se derivan de ellos nos ayudan a aplicar el mismo razonamiento a las mentes de otras personas cuando decidimos dirigir nuestra atención en esa dirección.

La empatía emocional es importante para la tutoría eficaz, la gestión de clientes y la lectura de las dinámicas de grupo. Surge de antiguas partes del cerebro situadas bajo el córtex —la amígdala, el hipotálamo, el hipocampo y el córtex orbitofrontal— que nos permiten sentir con rapidez sin pensar en profundidad. Nos sintonizan despertando en nuestro cuerpo los estados emocionales de los demás: «Siento literalmente tu dolor. Mis patrones cerebrales coinciden con los tuyos cuando te escucho contar una historia apasionante». Como dice Tania Singer, directora del departamento de neurociencia social del Instituto Max Planck de Ciencias Cognitivas y Cerebrales Humanas, en Leipzig: «Necesitas entender tus propios sentimientos para entender los sentimientos de los demás». Acceder a tu capacidad de empatía emocional depende de la combinación de dos tipos de atención: un enfoque deliberado en tus propios ecos de los sentimientos de otra persona y una conciencia abierta del rostro, la voz y otros signos externos de emoción de esa persona. (Véase la barra lateral «Cuándo hay que aprender a ser empático»).

La preocupación empática, estrechamente relacionada con la empatía emocional, te permite percibir no solo cómo se sienten las personas, sino también lo que necesitan de ti. Es lo que quieres de tu médico, tu pareja y tu jefe. La preocupación empática tiene sus raíces en los circuitos que obligan a los padres a prestar atención a sus hijos. Fíjate en los ojos de la gente cuando alguien trae un adorable bebé a una habitación y verás cómo este centro cerebral mamífero entra en acción.

Una teoría neuronal sostiene que la respuesta se desencadena en la amígdala por el radar cerebral que detecta el peligro y en el córtex prefrontal por la liberación de oxitocina, la sustancia química del afecto.

Cuando hay que aprender a ser empático

La empatía emocional puede desarrollarse. Esa es la conclusión que sugiere una investigación realizada con médicos por Helen Riess, directora del Programa de Empatía y Ciencia Relacional del Hospital General de Massachusetts, en Boston. Para ayudar a los médicos a controlarse, puso en marcha un programa en el que aprendían a concentrarse mediante una respiración profunda y diafragmática, y a cultivar un cierto distanciamiento: observar una interacción desde el techo, por así decirlo, en lugar de perderse en sus propios pensamientos y sentimientos. «Suspender tu propia participación para observar lo que ocurre te permite ser consciente de la interacción sin ser completamente reactivo —dice Riess—. Puedes ver si tu propia fisiología está cargada o equilibrada. Puedes darte cuenta de lo que ocurre en la situación». Si un médico se da cuenta de que se siente irritado, por ejemplo, eso puede ser una señal de que el paciente también está molesto.

Riess añade que quienes se sienten totalmente perdidos pueden ser capaces de fomentar la empatía emocional fingiendo hasta que lo consiguen. Si actúas de forma afectuosa —mirando a la gente a los ojos y prestando atención a sus expresiones, incluso cuando no lo deseas—, puedes empezar a sentirte más implicado.

Esto implica que la preocupación empática es un sentimiento de doble filo. Intuitivamente, sentimos la angustia del otro como propia. Pero, al decidir si vamos a satisfacer las necesidades de esa persona, sopesamos de un modo deliberado cuánto valoramos su bienestar.

Acertar en esta mezcla de intuición y deliberación tiene grandes implicaciones. Aquellos cuyos sentimientos de compasión se vuelven demasiado fuertes pueden sufrir ellos mismos. En las profesiones de ayuda, esto puede llevar a la fatiga por compasión; en los ejecutivos, puede crear sentimientos distractores de ansiedad sobre personas y circunstancias que están fuera del control de cualquiera. Pero quienes se protegen amortiguando sus sentimientos pueden perder el contacto con la empatía. La preocupación empática requiere que gestionemos nuestra angustia personal sin anestesiarnos ante el dolor de los demás. (Véase la barra lateral «Cuando hay que controlar la empatía»).

Es más, algunas investigaciones de laboratorio sugieren que la aplicación adecuada de la preocupación empática es fundamental para emitir juicios morales. Los escáneres cerebrales han revelado que, cuando los voluntarios escuchaban historias de personas sometidas a dolor físico, sus propios centros cerebrales para experimentar ese dolor se encendían al instante. Pero, si la historia trataba de sufrimiento psicológico, los centros cerebrales superiores implicados en la preocupación empática y la compasión tardaban más en activarse. Se necesita algo de tiempo para comprender las dimensiones psicológicas y morales de una situación. Cuanto más distraídos estamos, menos podemos cultivar las formas más sutiles de empatía y compasión.

Construir relaciones

Las personas que carecen de sensibilidad social son fáciles de detectar, al menos para los demás. Son los despistados entre nosotros. El director financiero que es técnicamente competente pero intimida a algunas personas, congela a otras y tiene favoritos —pero, cuando le señalas lo que acaba de hacer, cambia la culpa de bando, se enfada o piensa que tú eres el problema— no está tratando de ser un imbécil; es totalmente inconsciente de sus defectos.

La sensibilidad social parece estar relacionada con la empatía cognitiva. Por ejemplo, los ejecutivos con empatía cognitiva se desenvuelven mejor en misiones en el extranjero, presumiblemente porque captan con rapidez las normas implícitas y aprenden los modelos mentales propios de una nueva cultura. La atención al contexto social nos permite actuar con habilidad en cualquier situación, seguir instintivamente el algoritmo universal de la etiqueta y comportarnos de forma que los demás se sientan cómodos. (En otra época a esto se le habría llamado buenos modales).

Los circuitos que convergen en el hipocampo anterior leen el contexto social y nos llevan intuitivamente a actuar de forma diferente, por ejemplo, con nuestros compañeros de universidad que con nuestra familia o nuestros colegas. Junto con el córtex prefrontal deliberativo, aplastan el impulso de hacer algo inapropiado. Por eso, una prueba cerebral de sensibilidad al contexto evalúa la función del hipocampo.

Cuando hay que controlar la empatía

Controlar nuestro impulso a empatizar con los sentimientos de los demás puede ayudarnos a tomar mejores decisiones cuando la avalancha emocional de alguien amenaza con desbordarnos.

Normalmente, cuando vemos a alguien que se ha pinchado con un alfiler, nuestro cerebro emite una señal que indica que nuestros propios centros del dolor se hacen eco de esa angustia. Pero los médicos aprenden en la facultad a bloquear incluso esas respuestas automáticas. Su anestesia atencional parece estar desplegada por la unión témporparietal y regiones del córtex prefrontal, un circuito que aumenta la concentración al desconectar las emociones. Eso es lo que ocurre en el cerebro cuando uno se distancia de los demás para mantener la calma y ayudarlos. La misma red neuronal se activa cuando vemos un problema en un entorno emocionalmente intenso y necesitamos concentrarnos en buscar una solución. Si estás hablando con alguien que está disgustado, este sistema te ayuda a comprender intelectualmente la perspectiva de la persona pasando de la empatía emocional de corazón a corazón a la empatía cognitiva de cabeza a corazón.

El neurocientífico Richard Davidson, de la Universidad de Wisconsin, plantea la hipótesis de que las personas más atentas a las situaciones sociales presentan una actividad más intensa y más conexiones entre el hipocampo y el córtex prefrontal que las que no consiguen mantener la atención.

Los mismos circuitos pueden estar en juego cuando trazamos redes sociales en un grupo, una habilidad que nos permite navegar bien por las relaciones de esas redes. Las personas que destacan en el ámbito de la influencia organizativa no solo perciben el flujo de conexiones personales, sino que también identifican a las personas cuyas opiniones tienen más peso y se centran en persuadir a quienes convencerán a los demás.

Resulta alarmante que las investigaciones sugieran que, a medida que las personas ascienden en el escalafón y adquieren poder, su capacidad para percibir y mantener vínculos personales tiende a sufrir una especie de desgaste psíquico. Al estudiar encuentros entre personas de distinto estatus, Dacher Keltner, psicólogo de Berkeley, ha descubierto que los individuos de mayor rango sistemáticamente centran menos su mirada en las personas de menor rango y son más propensos a interrumpir o monopolizar la conversación.

De hecho, asignar atención al poder en una organización da una clara indicación de la jerarquía: cuanto más tarde la persona A en responder a la persona B, más poder relativo tendrá la persona A. Si mapeamos los tiempos de respuesta de toda una organización, obtendremos un gráfico extraordinariamente preciso de la posición social. El jefe deja los correos electrónicos sin contestar durante horas; los de abajo responden en cuestión de minutos. Esto es tan predecible que la Universidad de Columbia ha desarrollado un algoritmo para detectarlo, denominado «detección automática de jerarquías sociales». Al parecer, las agencias de inteligencia están aplicando el algoritmo a presuntas bandas terroristas para reconstruir las cadenas de influencia e identificar a las figuras centrales.

Pero la verdadera cuestión es esta: el lugar que ocupamos en la escala social determina el grado de atención que prestamos. Esto debería ser una advertencia para los altos ejecutivos, que necesitan responder a situaciones competitivas de rápida evolución aprovechando toda la gama de ideas y talentos dentro de una organización. Sin un cambio deliberado de atención, su inclinación natural puede ser ignorar las ideas inteligentes de los rangos inferiores.

Centrarse en el resto del mundo

Los líderes con una fuerte orientación hacia el exterior no solo saben escuchar, sino también formular preguntas. Son visionarios capaces de percibir las consecuencias lejanas de las decisiones locales y de imaginar cómo las decisiones que tomen hoy repercutirán en el futuro. Están abiertos a las formas sorprendentes en que datos aparentemente inconexos pueden dar información a sus intereses centrales. Melinda Gates ofreció un ejemplo convincente cuando comentó en *60 Minutos* que su marido era el tipo de persona que leería un libro entero sobre fertilizantes. Charlie Rose preguntó: «¿Por qué fertilizantes?». La conexión era obvia para Bill Gates, que busca constantemente avances tecnológicos que puedan salvar vidas a gran escala. «Hubieran muerto miles de millones de personas si no hubiéramos inventado el fertilizante», respondió.

Centrarse en la estrategia

En cualquier curso de estrategia de una escuela de negocios se explican los dos elementos principales: la explotación de las ventajas actuales y la exploración de otras nuevas. Los escáneres cerebrales realizados a 63 experimentados responsables de la toma de decisiones empresariales mientras seguían o cambiaban entre estrategias de explotación y exploración revelaron los circuitos específicos implicados. No es sorprendente que la explotación requiera concentración en el trabajo que se está realizando, mientras que la exploración exige una conciencia abierta para reconocer nuevas posibilidades. Pero la explotación va acompañada de actividad en los circuitos cerebrales de anticipación y recompensa. En otras palabras, nos sentimos bien en una rutina conocida. Cuando pasamos a la exploración, tenemos que hacer un esfuerzo cognitivo deliberado para desengancharnos de esa rutina y recorrer nuevos caminos.

¿Qué nos impide hacer ese esfuerzo? La falta de sueño, la bebida, el estrés y la sobrecarga mental interfieren en los circuitos ejecutivos que se utilizan para realizar el cambio cognitivo. Para mantener la concentración en el exterior que conduce a la innovación, necesitamos un tiempo ininterrumpido para reflexionar y refrescar nuestra concentración.

Las fuentes de la innovación

En una época en la que casi todo el mundo tiene acceso a la misma información, surge un nuevo valor al unir ideas de formas novedosas y formular preguntas inteligentes que abren un potencial sin explotar. Momentos antes de tener una idea creativa, el cerebro muestra un pico de un tercio de segundo en las ondas gamma, lo que indica la sincronía de las células cerebrales distantes. Cuantas más neuronas disparen en sincronía, mayor será el pico. Su sincronización sugiere que lo que está ocurriendo es la formación de una nueva red neuronal, probablemente para crear una nueva asociación.

Pero sería exagerar ver en las ondas gamma un secreto de la creatividad. Un modelo clásico de creatividad sugiere que los distintos modos de atención desempeñan un papel clave. Primero preparamos nuestra mente reuniendo una amplia variedad de información pertinente y luego alternamos entre concentrarnos intensamente en el problema y dejar que nuestra mente divague con libertad. Estas actividades se traducen, a grandes rasgos, en vigilancia, en la que, mientras nos sumergimos en todo tipo de información, nos mantenemos alerta para detectar cualquier cosa relevante para el problema en cuestión; atención selectiva al reto creativo específico, y conciencia abierta, en la que permitimos que nuestra mente se asocie libremente y la solución surja de forma espontánea. (Por eso a la gente se le ocurren tantas ideas nuevas en la ducha o cuando sale a pasear o a correr).

El dudoso don de la conciencia de los sistemas

Si se muestra rápidamente una foto con muchos puntos y se pide a los participantes que adivinen cuántos hay, los pensadores sistémicos del grupo tienden a hacer las mejores estimaciones. Esta habilidad se manifiesta en quienes son buenos diseñadores de software, cadenas de montaje, organizaciones matriciales o intervenciones para salvar ecosistemas fallidos. Al fin y al cabo, vivimos en sistemas extremadamente complejos. Sin embargo, según Simon Baron-Cohen, psicólogo de la Universidad de Cambridge (primo de Sacha), en un número pequeño pero significativo de personas, una gran conciencia de los sistemas va unida a un déficit de empatía, es decir, un punto ciego para saber lo que piensan y sienten los demás y para interpretar las situaciones sociales. Por eso, aunque las personas con una comprensión superior de los sistemas son activos organizativos, no son necesariamente líderes eficaces.

Un ejecutivo de un banco me explicó que ha creado una escala profesional separada para los analistas de sistemas, de modo que puedan progresar en estatus y salario basándose únicamente en su inteligencia en sistemas. De este modo, el banco puede consultarles cuando sea necesario y contratar líderes de un grupo distinto, con personas dotadas de inteligencia emocional.

Puesta en común

Para quienes no quieran acabar compartimentados de forma similar, el mensaje es claro. Un líder centrado no es la persona que se concentra en las tres prioridades más importantes del año, ni el pensador de sistemas más brillante, ni el que está más en sintonía con la cultura corporativa. Los líderes centrados pueden controlar toda su atención: están en contacto con sus sentimientos internos, pueden controlar sus impulsos, son conscientes de cómo los ven los demás, entienden lo que los demás necesitan de ellos, pueden eliminar las distracciones y también permitir que su mente vague ampliamente, libre de ideas preconcebidas.

Es un reto. Pero si el gran liderazgo fuera un ejercicio de pintura por números, los grandes líderes serían más comunes. Prácticamente todas las formas de concentración pueden fortalecerse. Lo que hace falta no es tanto talento como diligencia: la voluntad de ejercitar los circuitos de atención del cerebro del mismo modo que ejercitamos nuestras habilidades analíticas y otros sistemas del cuerpo.

El vínculo entre atención y excelencia permanece oculto la mayor parte del tiempo. Sin embargo, la atención es la base de las habilidades de liderazgo más esenciales: la inteligencia emocional, organizativa y estratégica. Y nunca ha estado tan amenazada. La avalancha constante de datos entrantes nos lleva a tomar atajos descuidados: desviar nuestro correo electrónico leyendo solo el asunto, saltarnos muchos de nuestros mensajes de voz, hojear memorandos e informes. No solo nuestros hábitos de atención nos hacen menos eficaces, sino que el mero volumen de todos esos mensajes nos deja muy poco tiempo para reflexionar sobre lo que realmente significan. Ya lo predijo hace más de cuarenta años el premio nobel de economía Herbert Simon. La información «consume la atención de sus receptores. De ahí que la abundancia de información genere pobreza de atención», escribió en 1971.

Mi objetivo aquí es situar la atención en el centro del escenario para que puedas dirigirla hacia donde la necesites cuando la necesites. Aprende a dominar tu atención y tendrás el control de tu atención y de la de tu organización.

3

Hacer de la empatía un elemento central de la cultura de tu empresa

por Jamil Zaki

En el discurso de graduación del MIT de 2017, Tim Cook advirtió a los graduados: «La gente intentará convenceros de que debéis dejar la empatía fuera de vuestra carrera. No aceptéis esta falsa premisa». El CEO de Apple no es el único que reconoce y destaca la importancia de la empatía —la capacidad de compartir y comprender las emociones de los demás— en el trabajo. En el momento de sus declaraciones, el 20 % de las empresas estadounidenses ofrecían formación en empatía a sus directivos. En una encuesta reciente a 150 directores generales, más del 80 % reconoció que la empatía es clave para el éxito.[1]

Los estudios demuestran que Cook y otros líderes han dado en el clavo. Los lugares de trabajo empáticos tienden a disfrutar de una mayor colaboración, menos estrés y una moral más alta, y sus empleados se recuperan más rápidamente de momentos difíciles como los despidos. Sin embargo, a pesar de sus esfuerzos, muchos líderes luchan por conseguir que la empatía forme parte de su cultura organizativa. De hecho, a menudo existe una brecha entre la cultura que los directivos desean y la que tienen.

Imaginemos una empresa cuya cultura se define por la agresividad y la competencia. El director general se da cuenta de que él y sus colegas no pueden seguir así, por lo que se apresura a lanzar la empatía como un nuevo valor corporativo clave. Es un movimiento bienintencionado, pero ha cambiado los objetivos, y ha creado distancia entre los ideales de la organización —prescripciones sobre cómo debe comportarse la gente— y sus normas sociales actuales —cómo se comporta realmente la mayoría de los miembros de un grupo—. Puede que espere que esto ponga a los empleados de buen humor, pero las pruebas indican lo contrario. Cuando las normas y los ideales chocan, la gente se inclina por lo que hacen los demás, no por lo que se les dice que hagan. Y, lo que es peor, las personas que se adhirieron a la cultura anterior pueden sentirse traicionadas o considerar que la dirección es hipócrita y está fuera de lógica.

Afortunadamente, hay una forma de trabajar con el poder de las normas sociales en lugar de contra ellas y, en consecuencia, cambiar la cultura. Como describo en mi libro *The War for Kindness* (La guerra por la amabilidad), aunque la gente se adapta a los malos comportamientos de los demás, también se adhiere a normas amables y productivas. Por ejemplo, después de ver que otros votan, ahorran energía o hacen donaciones benéficas, es más probable que la gente haga lo mismo. Mis propias investigaciones también demuestran que la empatía es contagiosa: las personas se «contagian» mutuamente el cariño y el altruismo. He aquí algunas formas en que los líderes pueden aprovechar esta idea para fomentar la empatía en sus lugares de trabajo.

Reconocer el potencial de crecimiento

Cuando la gente piensa en la empatía como un rasgo que se tiene o no se tiene, puede parecer fuera de su alcance. Si no se puede aprender algo, ¿para qué molestarse en intentarlo? Carol Dweck, Karina Schumman y yo hemos descubierto que las personas con este tipo de «mentalidad fija» en torno a la empatía se esfuerzan menos por conectar con los demás.[2] Si estas creencias impregnan una organización, el fomento de la empatía como valor colectivo será un fracaso.

En pocas palabras

La investigación

Las investigaciones demuestran que los lugares de trabajo empáticos tienden a disfrutar de una mayor colaboración, menos estrés y una moral más alta, y sus empleados se recuperan más rápidamente de momentos difíciles como los despidos. Aun así, muchos líderes luchan por convertir la empatía en parte de su cultura organizativa.

El camino que seguir

El primer paso para fomentar la empatía es reconocer que no es un rasgo inherente, sino algo que puede construirse. Ten cuidado con las «normas fantasma», es decir, comportamientos que parecen ser dominantes solo porque unos pocos individuos prominentes o ruidosos los muestran. Identifica a los conectores —las personas que fomentan la cohesión del equipo aunque no forme parte de su función formal— y contrátalos para que defiendan la causa de la empatía.

La buena noticia es que nuestra mentalidad puede cambiar. En un estudio de seguimiento que formaba parte de la investigación mencionada anteriormente, mis coautores y yo presentamos a las personas pruebas de que la empatía se parece menos a un rasgo y más a una habilidad.[3] Respondieron esforzándose más, incluso cuando no les salía de forma natural. En otras palabras, el primer paso para desarrollar la empatía es reconocer que puede desarrollarse. Los líderes deben empezar por evaluar la mentalidad de sus empleados y enseñarles que pueden avanzar hacia sus ideales.

Resaltar las normas correctas

Las voces más altas rara vez son las más amables, pero, cuando dominan las conversaciones, también pueden secuestrar nuestras percepciones. Los estudiantes universitarios de primer año que salen de fiesta alardean de sus hazañas de fin de semana y, como resultado, sus compañeros llegan a la conclusión de que al estudiante medio le gusta beber más de lo que realmente le gusta. Cuando un miembro del equipo expresa en voz alta una actitud tóxica, sus compañeros pueden confundir esa actitud con la opinión mayoritaria. Estas «normas fantasma» pueden desbaratar el cambio positivo cuando la gente se amolda a ellas.

Los líderes pueden luchar contra las normas fantasma llamando la atención sobre los comportamientos correctos. En cualquier momento, algunas personas de una organización actúan amablemente, mientras que otras no. Algunos trabajan juntos y otros compiten. La empatía suele pertenecer a una mayoría silenciosa. Ponerla en primer plano —por ejemplo, mediante incentivos y reconocimiento— puede hacer que los empleados vean su prevalencia, lo que sube el volumen de una norma positiva.

Encuentre líderes culturales y cocree con ellos

Todo grupo, ya sea un equipo de la NBA, una división corporativa o un departamento de Policía, incluye a personas que fomentan la cohesión del equipo aunque no forme parte de su función formal. Puede que estas personas no sean las más populares o poderosas, pero son las más conectadas. La información, las ideas y los valores fluyen a través de ellas. Son las personas influyentes no reconocidas de sus grupos.

En un estudio reciente, Betsy Levy Paluck y sus colegas utilizaron esta sabiduría para cambiar la cultura en centros de enseñanza media.[4] Encargaron a los alumnos la creación de campañas contra el acoso, que se difundieron por todo el campus. Los alumnos ayudantes variaban en cuanto a sus contactos sociales. Levy Paluck descubrió que las campañas contra el acoso dirigidas por los compañeros funcionaban, pero eran especialmente eficaces cuando las dirigían los estudiantes con más contactos.

Para construir culturas empáticas, los líderes pueden empezar por identificar a los conectores y reclutarlos para que ayuden a defender la causa. Esto no solo aumenta la probabilidad de que los nuevos ideales «cuajen», sino que también permite que los empleados sean reconocidos por conectar con los demás, poniendo de relieve otra norma social positiva.

La empatía merece estar en boca de todos, y los líderes hacen bien en desearla para sus empresas. Pero, para conseguir que forme parte del ADN de su organización, deben prestar mucha atención a cómo se construyen y cambian las culturas: de forma orgánica, colectiva y, a menudo, de abajo arriba.

Notas

1. «2023 State of Workplace Empathy Report», *Businesssolver*, www.businessolver.com/workplace-empathy/#gref.
2. K. Schumann, J. Zaki y C. S. Dweck, «Addressing the Empathy Deficit: Beliefs about the Malleability of Empathy Predict Effortful Responses When Empathy Is Challenging», *Journal of Personality and Social Psychology* 107, n.º 3 (2014): 475-493.
3. E. C. Nook, D. C. Ong, S. A. Morelli, J. P. Mitchell y J. Zaki, «Prosocial Conformity: Prosocial Norms Generalize Across Behavior and Empathy», *Personal and Social Psychology Bulletin* 42, n.º 8 (2016): 1045-1062.
4. E. L. Paluck, H. Shepherd y P. M. Aronow, «Changing Climates of Conflict: A Social Network Experiment in 56 Schools», *Psychological and Cognitive Sciences* 113, n.º 3 (enero de 2016): 566-571.

4

Aprendiendo a aprender

por Erika Andersen

Las organizaciones actuales están en constante cambio. Las industrias se consolidan, surgen nuevos modelos de negocio, se desarrollan nuevas tecnologías y evolucionan los comportamientos de los consumidores. Para los directivos, el ritmo cada vez más acelerado del cambio puede ser especialmente exigente. Los obliga a comprender y responder rápidamente a los grandes cambios en la forma en que operan las empresas y cómo debe hacerse el trabajo. En palabras de Arie de Geus, teórico empresarial: «La capacidad de aprender más rápido que tus competidores puede ser la única ventaja competitiva sostenible».

No hablo de un aprendizaje relajado en el sillón o incluso estructurado en el aula. Hablo de resistirse al prejuicio de hacer cosas nuevas, otear el horizonte en busca de oportunidades de crecimiento y esforzarse por adquirir capacidades radicalmente diferentes, sin dejar de desempeñar tu trabajo. Para ello es necesario estar dispuesto a experimentar y convertirse en un novato una y otra vez: una noción extremadamente incómoda para la mayoría de nosotros.

Sin embargo, a lo largo de décadas de asesoramiento y consultoría a miles de ejecutivos de diversos sectores, mis colegas y yo hemos descubierto a personas que tienen éxito en este tipo de aprendizaje. Hemos identificado cuatro atributos que tienen en abundancia: aspiración, autoconciencia, curiosidad y vulnerabilidad. Realmente quieren entender y dominar nuevas habilidades; se ven a sí mismos con mucha claridad; piensan y hacen buenas preguntas constantemente, y toleran sus propios errores a medida que avanzan en la curva de aprendizaje.

Por supuesto, estas cosas son más naturales para unas personas que para otras. Pero, basándonos en la investigación en psicología y gestión, así como en nuestro trabajo con clientes, hemos identificado algunas herramientas mentales bastante sencillas que cualquiera puede desarrollar para potenciar los cuatro atributos, incluso los que a menudo se consideran fijos (aspiración, curiosidad y vulnerabilidad).

Aspiración

Es fácil ver las aspiraciones como algo que se tiene o no se tiene: quieres aprender una nueva habilidad o no; tienes ambición y motivación o careces de ellas. Pero los grandes alumnos pueden elevar su nivel de aspiración, y eso es clave, porque todo el mundo es culpable de resistirse a veces a un desarrollo que es fundamental para el éxito.

Piensa en la última vez que tu empresa adoptó un nuevo enfoque: se revisó un sistema de informes, se sustituyó una plataforma de CRM o se renovó la cadena de suministro. ¿Te entusiasmó la idea? Lo dudo. Probablemente tu respuesta inicial fue justificar el no aprender. («Llevará demasiado tiempo. El método antiguo me funciona muy bien. Seguro que no es más que un fogonazo»). Cuando nos enfrentamos a un nuevo aprendizaje, este suele ser nuestro primer obstáculo: Nos centramos en lo negativo y reforzamos inconscientemente nuestra falta de aspiraciones.

Cuando queremos aprender algo, nos centramos en lo positivo —lo que ganaremos aprendiéndolo— e imaginamos un futuro feliz en el que cosechamos esas recompensas. Eso nos impulsa a actuar. Los investigadores han descubierto que cambiar el foco de atención de los retos a los beneficios es una buena forma de aumentar la aspiración a hacer cosas inicialmente poco atractivas. Por ejemplo, cuando Nicole Detling, psicóloga de la Universidad de Utah, animó a artistas aéreos y patinadores de velocidad a imaginarse a sí mismos beneficiándose de una habilidad concreta, se sintieron mucho más motivados para practicarla.

En pocas palabras

El ritmo cada vez más acelerado de los cambios en las organizaciones actuales exige que los directivos comprendan y respondan rápidamente a los constantes cambios en el funcionamiento de sus empresas y en la forma de hacer el trabajo. Esto significa que hay que resistirse a los prejuicios innatos que impiden hacer cosas nuevas de formas innovadoras, otear el horizonte en busca de oportunidades de crecimiento y esforzarse por adquirir capacidades drásticamente diferentes, sin dejar de hacer el trabajo que ya se hace. Para tener éxito, debemos estar dispuestos a experimentar y convertirnos en un novato una y otra vez, lo que para la mayoría de nosotros es una propuesta extremadamente incómoda.

Hace unos años asesoré a un director de marketing que dudaba en aprender sobre *big data*. Aunque la mayoría de sus colegas se estaban convirtiendo, él se había convencido a sí mismo de que no tenía tiempo para dedicarse a ello y de que no sería tan importante para su sector. Al final me di cuenta de que se trataba de un problema de aspiraciones y lo animé a pensar en cómo podría ayudarlo personalmente ponerse al día en el marketing basado en datos. Reconoció que sería útil saber más sobre cómo respondían los distintos segmentos de su base de clientes a la publicidad en línea y a las campañas de marketing en tienda de su equipo. Entonces lo invité a imaginar la situación en la que se encontraría un año después si dispusiera de esos datos. Empezó a mostrar cierto entusiasmo, diciendo: «Estaríamos probando diferentes enfoques simultáneamente, tanto en la tienda como en línea; tendríamos información buena y sólida sobre cuáles estaban funcionando y para quién, y podríamos ahorrar mucho tiempo y dinero desechando los enfoques menos eficaces más rápidamente». Casi podía sentir cómo aumentaba su aspiración. En pocos meses había contratado a una experta en análisis de datos, se había propuesto aprender de ella a diario y había empezado a replantearse campañas clave a la luz de su nueva perspectiva y conocimientos.

Autoconciencia

Durante la última década, la mayoría de los líderes se han familiarizado con el concepto de autoconciencia. Entienden que necesitan solicitar comentarios y reconocer cómo los ven los demás. Pero, cuando se trata de la necesidad de aprender, nuestras evaluaciones de nosotros mismos —lo que sabemos y lo que no sabemos, las habilidades que tenemos y las que no tenemos— pueden seguir siendo lamentablemente inexactas. En un estudio realizado por David Dunning, psicólogo de la Universidad de Cornell, el 94 % de los profesores universitarios afirmaron que realizaban «un trabajo por encima de la media». Evidentemente, casi la mitad estaban equivocados —muchos en extremo— y su autoengaño seguramente disminuía cualquier apetito de desarrollo. Solo el 6 % de los encuestados consideraba que tenía mucho que aprender sobre cómo ser un profesor eficaz.

En mi trabajo he descubierto que las personas que se evalúan a sí mismas con mayor precisión inician el proceso dentro de sus propias mentes: aceptan que su punto de vista suele ser sesgado o erróneo y se esfuerzan por ser más objetivas, lo que les permite estar mucho más abiertas a escuchar las opiniones de los demás y actuar en consecuencia. El truco está en prestar atención a cómo te hablas a ti de ti mismo y luego cuestionar la validez de esa «autoconversación».

Supongamos que tu jefe te ha dicho que tu equipo no es lo suficientemente fuerte y que tienes que mejorar en la evaluación y en el desarrollo del talento. Tu reacción inicial podría ser algo así como: «¿Qué? Se equivoca. Mi equipo es fuerte». La mayoría de nosotros respondemos a la defensiva a este tipo de críticas. Pero, en cuanto reconozcas lo que estás pensando, pregúntate: «¿Es eso cierto? ¿Qué hechos tengo para apoyarlo?». En el proceso de reflexión puede que descubras que estás equivocado y tu jefe tiene razón, o que la verdad se encuentra en algún punto intermedio: cubres a algunos de tus empleados haciendo las cosas tú mismo, y uno de ellos es poco constante en el cumplimiento de los plazos; sin embargo, los otros dos son geniales. Tu voz interior es más útil cuando informa de los hechos de una situación de esta forma equilibrada. Debe servir de «testigo imparcial» para que estés abierto a ver las áreas en las que podrías mejorar y cómo hacerlo.

Cambiar tu narrativa interior	
Autoconversación insolidaria	**Autoconversación de apoyo**
No necesito aprender esto.	¿Cómo sería mi futuro si lo hiciera?
Ya estoy bien en esto.	¿Realmente lo soy? ¿Cómo me comparo con mis compañeros?
Esto es aburrido.	Me pregunto por qué otros lo encuentran interesante.
Soy terrible en esto.	Estoy cometiendo errores de principiante, pero mejoraré.

Un CEO que conozco estaba convencido de que era un gran gestor y líder. Tenía un enorme conocimiento del sector y grandes instintos para hacer crecer su empresa, y su consejo de administración reconocía esos puntos fuertes. Pero solo escuchaba a las personas que confirmaban su visión de sí mismo y desestimaba las aportaciones sobre sus defectos; su equipo no se sentía comprometido ni inspirado. Cuando por fin empezó a cuestionar sus suposiciones (¿están todos los miembros de mi equipo centrados y son productivos? Si no es así, ¿hay algo que yo pueda hacer de otra manera?), fue mucho más consciente de sus necesidades de desarrollo y se mostró más abierto al *feedback*. Se dio cuenta de que no bastaba con tener ideas estratégicas; tenía que compartirlas con sus subordinados e invitarlos a debatirlas, y luego establecer prioridades claras, respaldadas por objetivos trimestrales de equipo e individuales, comprobaciones periódicas de los progresos y sesiones de resolución de problemas.

Curiosidad

Los niños son implacables en su afán de aprender y dominar. Como escribe John Medina en *Brain Rules:* «Esta necesidad de explicación está tan fuertemente imbricada en su experiencia que algunos científicos la describen como un impulso, igual que el hambre, la sed y el sexo son impulsos». La curiosidad es lo que nos lleva a intentar algo hasta que podemos hacerlo, o a pensar en algo hasta que lo entendemos. Los grandes aprendices conservan este impulso de la infancia, o lo recuperan mediante la autoconciencia. En lugar de centrarse en el desinterés inicial por un tema nuevo y reforzarlo, aprenden a hacerse «preguntas curiosas» sobre él y a seguirlas con acciones. Carol Sansone, investigadora en psicología, ha descubierto, por ejemplo, que las personas pueden aumentar su disposición para abordar tareas necesarias pensando en cómo podrían hacer el trabajo de forma diferente para hacerlo más interesante. En otras palabras, cambian su autoconversación de «Esto es aburrido» a «Me pregunto si podría…».

Puedes emplear la misma estrategia en tu vida laboral fijándote en el lenguaje que utilizas al pensar en cosas que ya te interesan («¿Cómo…?», «¿Por qué…?», «Me pregunto…») y recurrir a él cuando necesites despertar tu curiosidad. A continuación, da un solo paso para responder a una pregunta que te hayas hecho: lee un artículo, consulta a un experto, busca un profesor, únete a un grupo... lo que te resulte más fácil.

Hace poco trabajé con una abogada de empresa a la que su bufete le había ofrecido un trabajo más importante que requería conocimientos de derecho laboral, un área que ella consideraba «el aspecto más aburrido de la profesión jurídica». En lugar de intentar convencerla de lo contrario, le pregunté qué le interesaba y por qué. «El baile *swing*», me dijo. «Me fascina su historia. Me pregunto cómo se desarrolló y si fue una respuesta a la Gran Depresión: es una forma de arte tan alegre… Observo a los grandes bailarines y me pregunto por qué hacen ciertas cosas».

Le expliqué que su «curioso lenguaje» podía aplicarse al derecho laboral. «Me pregunto cómo puede alguien encontrarlo interesante», dijo bromeando. Le dije que era un buen punto de partida. Empezó a pensar en voz alta en posibles respuestas («Quizás algunos abogados lo vean como una forma de proteger tanto a sus empleados como a sus empresas...») y luego propuso otras preguntas curiosas («¿Cómo podría hacerme mejor abogada saber más sobre esto?»).

Pronto se sintió lo bastante intrigada como para ponerse en contacto con un colega con experiencia en derecho laboral. Le preguntó qué le parecía interesante al respecto y cómo había adquirido sus conocimientos, y sus respuestas suscitaron otras preguntas. En los meses siguientes aprendió lo que necesitaba saber para ese aspecto de su nueva función.

La próxima vez que te pidan que aprendas algo en la oficina, o intuyas que deberías hacerlo porque tus compañeros lo están haciendo, anímate a plantear y responder algunas preguntas curiosas como: ¿Por qué les entusiasma tanto a los demás? ¿Cómo puede facilitarme el trabajo? A continuación, busca, las respuestas. Tendrás que encontrar una sola cosa sobre un tema «aburrido» que despierte tu curiosidad.

Vulnerabilidad

Una vez que llegamos a ser buenos, o incluso excelentes, en algunas cosas, rara vez queremos volver a no ser buenos en otras. Sí, ahora nos enseñan a aceptar la experimentación y el «fracaso rápido» en el trabajo. Pero también nos enseñan a aprovechar nuestros puntos fuertes. Así que la idea de ser malos en algo durante semanas o meses, de sentirnos torpes y lentos, de tener que hacer preguntas tontas —«no sé de qué me estás hablando»— y de necesitar orientación paso a paso una y otra vez da mucho miedo. Los grandes aprendices se permiten ser lo suficientemente vulnerables como para aceptar ese estado de principiante. De hecho, llegan a sentirse razonablemente cómodos en él gestionando su autoconversación.

Por lo general, cuando intentamos algo nuevo y nos va mal, tenemos pensamientos terribles: «Odio esto. Soy un idiota. Nunca me saldrá bien. Esto es muy frustrante…». Esa dinámica en nuestro cerebro deja poco margen para el aprendizaje. La mentalidad ideal para un principiante es a la vez vulnerable y equilibrada: «Voy a ser malo en esto al empezar, porque nunca lo he hecho antes. Y sé que puedo aprender a hacerlo con el tiempo». De hecho, los investigadores Robert Wood y Albert Bandura descubrieron a finales de los ochenta que, cuando se anima a la gente a esperar errores y aprender de ellos al principio del proceso de adquisición de nuevas habilidades, el resultado es «un mayor interés, persistencia y mejor rendimiento».

Conozco a un alto directivo de ventas de Estados Unidos al que acaban de nombrar responsable de la región Asia-Pacífico de su empresa. Le estaba costando aclimatarse a vivir en el extranjero y trabajar con colegas de otras culturas, y respondió apoyándose en su experiencia en ventas en lugar de reconocer su condición de principiante en el nuevo entorno. Lo ayudé a reconocer su resistencia a ser un novato cultural, y pudo cambiar su forma de hablar de «Esto es tan incómodo que me centraré en lo que ya sé»» a «Tengo mucho que aprender sobre las culturas asiáticas. Estudio rápido, así que podré aprender». Me dijo que fue un alivio inmediato: el simple hecho de reconocer su condición de novato lo hizo sentirse menos tonto y más relajado. Empezó a plantear las preguntas necesarias y pronto se le vio abierto, interesado y empezando a entender su nuevo entorno.

———————————

La capacidad de adquirir nuevas habilidades y conocimientos de forma rápida y continua es crucial para tener éxito en un mundo de cambios rápidos. Si actualmente no tienes la aspiración, la conciencia de ti mismo, la curiosidad y la vulnerabilidad necesarias para ser un aprendiz eficaz, estas sencillas herramientas pueden ayudarte a conseguirlo.

5

Cómo obtener la ayuda que necesitas

por Heidi Grant

A pocos de nosotros nos gusta pedir ayuda. Como demuestran las investigaciones en neurociencia y psicología, las amenazas sociales que conlleva —la incertidumbre, el riesgo de rechazo, la posibilidad de perder estatus y la inherente renuncia a la autonomía— activan las mismas regiones cerebrales que el dolor físico. Y en el lugar de trabajo, donde normalmente queremos demostrar toda la experiencia, competencia y confianza posibles, puede resultar especialmente incómodo hacer este tipo de peticiones.

Sin embargo, es prácticamente imposible avanzar en las organizaciones modernas sin la ayuda de los demás. Los equipos interfuncionales, las técnicas ágiles de gestión de proyectos, las estructuras matriciales —o que reducen al mínimo la jerarquía— y las culturas de oficina cada vez más colaborativas nos exigen que busquemos constantemente la cooperación y el apoyo de los jefes, compañeros y empleados. Nuestro rendimiento, desarrollo y progresión profesional dependen más que nunca de buscar el asesoramiento, las referencias y los recursos que necesitamos. De hecho, se calcula que entre el 75 % y el 90 % de la ayuda que se prestan los compañeros es en respuesta a peticiones directas.

¿Cómo pedir ayuda de forma eficaz? ¿Cómo decírselo a los demás sin que lo sientan como una imposición?

El primer paso es superar la reticencia a pedir ayuda. Después, hay que entender que algunas formas comunes y quizás intuitivas de pedir ayuda son, en última instancia, improductivas, porque hacen que la gente esté menos dispuesta a darla. Por último, debemos aprender las señales sutiles que motivan a la gente a apoyarse y cómo darlas de la forma adecuada.

Costes y beneficios

Quizá la forma más fácil de superar el dolor de pedir ayuda sea darse cuenta de que la mayoría de la gente está sorprendentemente dispuesta a echar una mano. Cuando Vanessa Bohns, profesora de la Universidad de Cornell y una de las principales investigadoras en este campo, revisó recientemente un grupo de experimentos que ella y sus coautores habían realizado, descubrió que el cumplimiento —la tasa a la que la gente prestaba ayuda a extraños que se la pedían— era de media un 48% superior a lo que esperaban los solicitantes de ayuda. Está claro que la gente es mucho más servicial de lo que pensamos. Los estudios también sugieren que infravaloramos el esfuerzo de quienes aceptan ayudar.

Esto se debe en parte a que decir que no o ayudar solo a medias conlleva un coste psicológico que tendemos a ignorar. Pero también se debe a que la mayoría de los que ayudan saben, aunque solo sea inconscientemente, que dar de sí mismos de forma gratuita y eficaz tiene beneficios emocionales. Un estudio suizo publicado en 2017 descubrió que las personas que simplemente se comprometen a gastar aunque sea una pequeña cantidad de dinero en otra persona se sienten más felices que aquellas que planean mimarse solo a sí mismas.

La clave del éxito de una petición de ayuda es centrarse en estas ventajas. Lo importante es que la gente sienta que ayuda porque quiere, no porque debe, y que controla la decisión. Eso significa evitar cualquier lenguaje que sugiera que tú u otra persona les está ordenando que ayuden, que deben ayudar o que no tienen más remedio que hacerlo. Esto incluye prefacios como «¿Puedo pedirte un favor?», que hacen que la gente se sienta atrapada, y disculpas profusas como «Me siento fatal pidiéndote esto», que hacen que la experiencia parezca menos positiva. Hacer hincapié en la reciprocidad — «Te ayudaré si me ayu-

En pocas palabras

El problema

A menudo somos reacios a pedir ayuda por las amenazas sociales que conlleva: inseguridad, riesgo de rechazo, posible pérdida de estatus, renuncia a la autoridad. Pero sin el apoyo de los demás es prácticamente imposible avanzar en la carrera profesional. Y los estudios demuestran que la mayoría de la gente está sorprendentemente dispuesta a echar una mano si se lo pedimos de la forma adecuada.

La solución

Se pueden incorporar tres refuerzos a las peticiones de ayuda:

- En grupo: hay que asegurarle al posible ayudante que estamos en el mismo equipo y que este es importante.

- Identidad positiva: es importante crear o mejorar el reconocimiento por parte de las personas de que están en una posición única para prestar ayuda y de que se valora que acuda habitualmente en ayuda de los demás.

- Eficacia: Conviene tener claro lo que se necesita y el impacto que tendrá la ayuda.

das»— también puede ser contraproducente, porque a la gente no le gusta estar en deuda con nadie ni participar en un intercambio puramente transaccional. Y minimizar la necesidad —«Normalmente no pido ayuda» o «Es una minucia»— es igualmente improductivo, porque sugiere que la ayuda es trivial o incluso innecesaria.

Pero se puede pedir ayuda de un modo que evite estos escollos y, en su lugar, permita a las personas decidir sobre sus respuestas, con lo que se las deja experimentar el subidón natural asociado a la ayuda. Para ello, hay que utilizar lo que yo llamo refuerzos, o señales, que se pueden incorporar a peticiones concretas. Y, lo que quizá sea más importante, también se pueden emplear en las interacciones cotidianas para preparar a las personas que nos rodean a ser más serviciales.

Tres refuerzos

En grupo

Un refuerzo que se querrá dar a un ayudante potencial es la seguridad de que estamos en su equipo y de que este es importante. Responde a la necesidad humana innata de pertenecer a círculos sociales de apoyo y garantizar su bienestar. Hay varias formas de hacerlo. Por ejemplo, una investigación de Priyanka Carr y Greg Walton (estudiante de posgrado en aquel momento), de la Universidad de Stanford, demuestra que simplemente decir la palabra «juntos» puede surtir efecto. Cuando a los participantes que trabajaban solos en un rompecabezas se les decía que lo estaban haciendo en tándem con personas que realizaban tareas similares en otras salas y que luego podían intercambiar consejos, trabajaban un 48 % más, resolvían más problemas correctamente y decían sentirse menos agotados por la tarea que aquellos a los que se les permitía creer que estaban trabajando de forma totalmente independiente.

También se puede citar un objetivo, enemigo o rasgo común, como el deseo de superar los objetivos de ventas de nuestro equipo, la rivalidad con un competidor de nuestro sector o el amor por las películas de superhéroes. Pero la mejor manera de crear un fuerte sentimiento de pertenencia a un grupo es destacar las experiencias, percepciones, pensamientos y sentimientos compartidos. Por ejemplo, si en un equipo de alta dirección solo hay dos mujeres, ninguna puede limitarse a decir: «Somos las dos únicas mujeres del equipo» (enfatizando el rasgo). Por el contrario, habría que decir: «¿Te has dado cuenta de que nos interrumpen todo el tiempo?» (experiencia compartida).

Identidad positiva

Un segundo indicio para los posibles ayudantes consiste en crear o mejorar su reconocimiento de que están en una posición única (en virtud de sus atributos o de su función) para prestar ayuda, y que no son simplemente personas que podrían ayudar, sino personas serviciales que acuden habitualmente en ayuda de los demás. Por ejemplo, los estudios han demostrado que las personas contribuyen más a la caridad cuando se les pregunta si les gustaría «ser un donante generoso» (frente a «dar») y que niños de tan solo tres años están más motivados para completar tareas como limpiar bloques cuando se les explica que pueden «ser un ayudante» (frente a «pueden ayudar»). Hay que recordar, sin embargo, que no todas las personas tienen la misma visión de la identidad positiva, así que conviene adaptar el mensaje. Los estudios sobre llamamientos a favor del medioambiente sugieren, por ejemplo, que los liberales prefieren frases como «cuida el mundo natural» y «evita el sufrimiento de todas las formas de vida», mientras que los conservadores responden mejor a «demuestra tu amor por tu país» y «asume tu responsabilidad y la de la tierra que llamas hogar».

La gratitud es otra forma poderosa de potenciar la identidad positiva de los ayudantes. Un estudio reciente realizado por la empresa de software de productividad Boomerang sobre 350.000 intercambios de correo electrónico reveló que «Gracias de antemano» y «Gracias» arrojaban tasas medias de respuesta del 63 % al 66 %, en comparación con el 51 % al 54 % de otras opciones populares como «Un saludo», «Saludos» y «Salud». Incluso expresada de forma preventiva, la gratitud puede mantener a la gente interesada y dispuesta a ayudar, siempre que uno se centre más en su generosidad y desinterés —y en lo que eso dice de ellos como personas— que en cómo el otro se beneficiará de la ayuda.

Eficacia

La gente quiere ver o conocer el impacto de la ayuda que va a dar. No es una cuestión de ego. Muchos psicólogos creen que sentirse eficaz —saber que tus acciones han creado los resultados que pretendías— es la motivación humana fundamental; es lo que realmente compromete a las personas y da sentido a sus vidas. Consideremos un estudio que Adam Grant, de Wharton, realizó en un centro de llamadas salientes de una empresa de software educativo y de marketing. Los empleados sabían que los ingresos que generaban sustentaban puestos de trabajo en otro departamento, con el que antes no habían tenido contacto. Después de que uno de los beneficiarios de su trabajo los visitara y les hablara de su repercusión en su puesto de trabajo y en el de los demás, las ventas y los ingresos del centro de llamadas se duplicaron. Para asegurarnos de que nuestros ayudantes potenciales sepan que su ayuda será importante, hay que ser muy claro sobre lo que necesitamos y su impacto previsto. Por ejemplo, cuando se pida a un colega que revise la propuesta de un cliente, se le puede decir: «¿Podrías revisar esto antes de que lo envíe a XYZ? Tu aportación me ayudó mucho en mi anterior propuesta a ABC».

Promete hacer un seguimiento posterior, y hazlo. Si es posible, permite también que la gente elija cómo ayudarte y ábrete a aceptar alternativas a tu petición original. Quieres que los ayudantes den lo que puedan y lo que les haga sentirse más eficaces.

Personal y profesional

Cuando explico a la gente cómo funcionan estas estrategias en la práctica, suelo poner un ejemplo de mi vida personal: una estantería de IKEA. Hace más o menos un año, una amiga de la facultad me pidió que la ayudara a montar una especialmente complicada y, aunque te sorprenda, acepté encantada. Esa misma mañana, había rechazado una solicitud para revisar un trabajo enviado a una revista científica, había ignorado un correo electrónico del colegio de mi hija en el que pedían padres voluntarios para ayudar en una fiesta de helados y, de mala gana, había dicho que haría la colada de nuestra familia pero me negaba a doblarla. Entonces, ¿por qué la petición de bricolaje fue un sí fácil?

Una de las razones es que la persona que me lo pedía era una vieja amiga con la que disfruto pasando el tiempo (refuerzo dentro del grupo). Otra es que soy extrañamente buena en este tipo de proyectos (no se debe tanto a mi destreza en la construcción como a mi capacidad para interpretar instrucciones mal escritas), y que durante años he sido su chica de confianza (eficacia). Y, por último, siempre que trabajamos juntas de esta manera, mi amiga termina diciendo algo así como «Heidi, gracias. Siempre eres servicial y generosa» (identidad positiva).

He visto situaciones similares en entornos profesionales. Pensemos en el jefe de desarrollo de productos de una empresa de software de aprendizaje que quería participar más en el departamento de ventas y que dificultaba el trabajo de su equipo al acordar que los pedidos muy personalizados se entregaran en plazos casi imposibles. Suplicaba que se le incluyera en las conversaciones con los clientes, pero a menudo se le ignoraba; la gente de ventas creía que los retrasaría y sería un obstáculo para su éxito. Por supuesto, todas las partes pensaban que hacían lo mejor para la empresa, pero a su manera.

Qué necesitan los ayudantes

1. **El ayudante debe darse cuenta de que necesitamos ayuda**. Por regla general, los seres humanos están preocupados por sus propios asuntos. Esto es especialmente cierto en el caso de las personas con estados de ánimo negativos o posiciones de relativo poder sobre los demás. Así que el primer paso es hacer que la gente sea consciente de nuestro problema.

2. **El ayudante debe creer que queremos ayuda**. A veces las personas no ofrecen ayuda no porque no vean la necesidad, sino porque les preocupa haber malinterpretado la situación o que el otro prefiera ir por su cuenta. Esperan que acudamos a ellos, pues olvidan lo reacios que somos la mayoría a pedir ayuda.

3. **El ayudante debe asumir la responsabilidad de ayudar**. Uno de los mayores obstáculos para ayudar es la difusión de la responsabilidad. Un error clásico es pedir ayuda a través del correo electrónico del grupo. En su lugar, hay que tomarse el tiempo necesario para preguntar a los posibles ayudantes directamente y con peticiones únicas.

4. **El ayudante debe ser capaz de ofrecernos lo que necesitamos**. La gente está ocupada y no todos tienen la capacidad o los recursos necesarios para ayudar. Pero se puede hacer que cualquier petición parezca más manejable siendo explícitos y detallando lo que pedimos, manteniendo una petición razonable y estando abiertos a recibir una ayuda diferente de la que pediste.

Finalmente, el ejecutivo frustrado decidió adoptar un nuevo enfoque para conseguir la cooperación que necesitaba de sus colegas. Organizó una reunión con los jefes de ventas para hablarles del proceso de desarrollo del producto, y se dio cuenta de que la mayoría del equipo no tenía ni idea del trabajo que había que hacer. En otras palabras, no entendían por qué se necesitaba su ayuda. Empezó a recalcar en cada interacción que todos compartían el objetivo de complacer al cliente para garantizar la repetición del negocio, lo que creó un fuerte sentimiento de grupo interno con el equipo de ventas. De repente, estaba claro que todos estaban del mismo lado. También empezó a describir a los jefes de ventas como los protectores de la experiencia del cliente y les habló del poder que tenían para determinar el futuro de la marca de la empresa, lo que les dio una fuerte identidad positiva y los motivó a ver y enfocar su trabajo de una forma ligeramente distinta.

Por último, siempre que los vendedores hacían lo que él les pedía y lo incluían en el proceso de propuesta de trabajo, se preocupaba de hacer un seguimiento con ellos para decirles lo importante que había sido para el éxito final de la entrega. Veían que su ayuda aterrizaba y sentían su eficacia.

Con el tiempo, estas estrategias mejoraron notablemente las relaciones entre los dos equipos, y la empresa experimentó aumentos tanto en la satisfacción de los clientes como en la rentabilidad.

La próxima vez que necesites ayuda, recuerda que la gente está dispuesta a dártela la mayoría de las veces. Pocos pensarán mal de ti por necesitar ayuda. Y no hay mejor manera de hacer que alguien se sienta bien consigo mismo que pedirla. Saca lo mejor —y los mejores sentimientos— de todos nosotros.

6

Cómo vender tus ideas a la cadena de mando

por Ethan Burris

Tienes una gran idea: un retoque en un producto que ahorrará dinero a tu empresa, un cambio en un proceso para aumentar la productividad de tu equipo o un plan para atajar una crisis inminente. Solo hay un problema: no sabes cómo planteárselo a tu jefe o, peor aún, has intentado llamar la atención de tus superiores y no lo has conseguido.

A pesar de los numerosos estudios sobre el valor de la innovación ascendente y la resolución de problemas, muchos trabajadores siguen sintiéndose reprimidos a la hora de dar su opinión a sus jefes o hacer sugerencias. Una encuesta realizada a empleados estadounidenses reveló que el 70 % no se sentía cómodo planteando un problema a su jefe aunque fuera importante, y un estudio histórico de 2003 mostró que el 85 % de los empleados retenían sus ideas porque tenían miedo de hablar.

Otros estudios demuestran que, incluso cuando los empleados se manifiestan, sus sugerencias no suelen conducir al cambio. Por ejemplo, un estudio de Accenture demostró que casi tres cuartas partes de las ideas enviadas a través de las herramientas corporativas de sugerencias en línea languidecían y nunca se ponían en práctica. Otro estudio realizado en un hospital reveló que de doscientas ideas compartidas por los empleados, la mayoría fueron rechazadas inicialmente y menos de una cuarta parte llegaron a aplicarse.

Durante las dos últimas décadas, he estudiado cómo los empleados ofrecen recomendaciones solicitadas y no solicitadas, y cómo responden los directivos. Obviamente, hay muchas razones por las que las ideas —incluidas las de los altos directivos— no llegan a ponerse en práctica. Pero con demasiada frecuencia se ignoran o rechazan las buenas ideas. He comprobado que hay dos factores clave para que una propuesta tenga éxito: tener confianza para hacer la sugerencia y saber cómo formularla para obtener la mejor acogida por parte del jefe. Algunos jefes serán más inaccesibles e insensibles que otros, pero los estudios reflejan que la mayoría están más abiertos a las ideas y sugerencias de lo que imaginas, siempre que los abordes con eficacia.

En los estudios que mis colegas y yo hemos realizado en organizaciones de atención sanitaria, restauración, energía, tecnología y servicios financieros, hemos descubierto varias estrategias que puedes utilizar para hacerte oír por los directivos, con el fin de mejorar tanto el rendimiento de tu empresa como tu propia experiencia en el trabajo. Hemos descubierto que la clave para vender tu idea a la cadena de mando es entender la psicología de los superiores, meterse en sus cabezas. Esto te ayudará a reconocer los factores que inclinan la balanza a tu favor y a identificar los (raros) casos en los que es mejor rodearlos o incluso saltar por encima de ellos.

Comprende las inseguridades de tu jefe

A la hora de decidir si hablar sobre una idea o un problema en el trabajo, la mayoría de los empleados piensan primero en su propia posición: «¿Quiero arriesgarme a la vergüenza potencial de ser rechazado por el jefe? ¿Me verá mi jefe como un quejica, un preocupado o un agitador?». Sin embargo, pocas personas se fijan en el ego de su jefe. ¿Cómo le hará sentir esta sugerencia a mi jefe?

Ser jefe conlleva grandes expectativas. Se supone que los líderes están bien informados y saben lo que tienen que hacer todo o casi todo el tiempo. Eso puede hacerlos sentir inseguros y provocar que estén menos abiertos a las ideas de sus subordinados. Pensemos en la encuesta

En pocas palabras

El problema

Tienes una gran idea: un retoque en un producto que ahorrará dinero a tu empresa, un cambio en un proceso para aumentar la productividad de tu equipo o un plan para atajar una crisis inminente. Solo hay un problema: no sabes cómo planteárselo a tu jefe o, peor aún, has intentado llamar la atención de los superiores y no lo has conseguido.

La solución

Según los estudios, hay dos factores cruciales para que una propuesta tenga éxito: tener confianza para hacer la sugerencia y saber cómo enmarcarla para obtener la mejor acogida por parte del jefe. La clave está en entender la psicología de los altos cargos, en meterse en sus cabezas. Esto te ayudará a reconocer qué inclina la balanza a tu favor y a identificar los (raros) casos en los que es mejor tratar de rodearlos o pasar por encima de ellos.

que hicimos a directivos con un alto nivel de formación —químicos, geólogos, geofísicos, ingenieros de petróleo y medioambiente, perforadores y personal ejecutivo— en una multinacional energética. Descubrimos que, a pesar de ser muy competentes, muchos carecían de confianza en su capacidad de liderazgo. En otro estudio, vimos que, cada vez que disminuía un punto la confianza en una escala de cinco puntos, era un 35 % menos probable que los directivos pidieran consejo a sus empleados. Y un estudio de seguimiento de más de 130 directivos de distintos sectores demostró que los directivos inseguros evaluaban a los trabajadores que hablaban un 21 % más negativamente —y aplicaban sus ideas con un 14 % menos de frecuencia— que los directivos que se sentían más cómodos en sus puestos.

Por supuesto, algunos líderes son capaces de absorber comentarios e ideas sin sentirse criticados o amenazados. Pero, incluso en esos casos, proteger su ego y neutralizar sus inseguridades tiene muy pocos inconvenientes. Y es posible hacerlo sin sentirse manipulador o adulador ni realizar grandes esfuerzos.

Lo ideal es que, cuando propongas una idea a los superiores, ya hayas sentado las bases generando confianza y buena voluntad. Los comentarios positivos y las expresiones de gratitud pueden ayudar en este sentido, siempre que sean sinceros y se transmitan mucho antes de la propuesta. Puede ser algo tan sencillo como: «Me ha gustado mucho la presentación» o «Gracias por tu apoyo en la reunión de hoy».

Como demuestran las investigaciones de Adam Grant, Sharon Parker y Catherine Collins, los directivos prestan atención a si sus empleados tienden a ayudarse a sí mismos o a ayudar a los demás. Al apoyar sistemáticamente a tus compañeros, envías señales de que tus sugerencias están diseñadas para mejorar la organización en su conjunto y la posición del jefe. De hecho, transmitir explícitamente la benevolencia de tus motivos puede ser útil a la hora de hacer una sugerencia a tu superior, según una investigación dirigida por Leslie John, de la Harvard Business School. Sobre todo si se trata de un comentario negativo, anteponer una frase sencilla como «Realmente quiero lo mejor para ti» puede ayudar a evitar la penalización de simpatía que suelen pagar los mensajeros de malas noticias.

Cuando sea posible, dirígete a tu jefe en privado y no en público. Un estudio de Sofya Isaakyan, de la Rotterdam School of Management, y sus colegas demostró que los directivos se sentían un 30 % menos amenazados cuando los empleados hablaban con ellos a solas que cuando las sugerencias se hacían delante de otros empleados.

Por último, intenta enmarcar tus sugerencias de forma que estén relacionadas con los objetivos declarados de la empresa. Puedes hacer referencia a comunicaciones anteriores de tu jefe: por ejemplo, «Ya has hablado antes de tu interés por el diseño intuitivo. Esta es mi idea para mejorar la facilidad de uso de X producto» o «Estaba pensando en ese correo electrónico que enviaste sobre la importancia de la diversidad, la equidad y la inclusión, y me preguntaba si podríamos avanzar más si cambiáramos nuestros esfuerzos de contratación de Y a Z».

Evita los mensajes contradictorios

A la hora de vender una idea, la gente suele enmarcarla combinando dos mensajes: los beneficios de hacer algo nuevo y el riesgo de la inacción. Esto es un error. En cinco estudios con ejecutivos de docenas de sectores, mis colegas y yo descubrimos que los directivos son más propensos a respaldar los mensajes que se centran en una oportunidad o en una amenaza; la combinación de ambas es la que menos apoyo obtiene.

En uno de los estudios, analizamos más de 850 ideas presentadas por 350 empleados de un sistema hospitalario del Medio Oeste. Incluían sugerencias sobre cómo mejorar la satisfacción del personal y del paciente, la calidad de la atención y la seguridad del enfermo. Descubrimos que, cuando las propuestas hacían referencia tanto a una oportunidad como a una amenaza, los directivos tenían que esforzarse más para comprender la naturaleza y gravedad del problema, la solución y por qué la propuesta era mejor que el *statu quo*. El mayor trabajo cognitivo supuso un escrutinio adicional y condicionó la evaluación de las ideas por parte de los directivos, lo que a menudo provocó su rechazo. Por otro lado, las propuestas que utilizaban un marco tenían más probabilidades de ser aprobadas.

¿Qué marco utilizar? Nuestra investigación reveló que los empleados deberían intentar discernir si los directivos a los que se dirigen tienen un «enfoque de promoción» (es decir, se centran en las aspiraciones, los ideales, el futuro y en jugar para ganar) o un «enfoque de prevención» (están preocupados por mantenerse alerta, gestionar los inconvenientes y jugar para no perder) y, a continuación, enmarcar las propuestas en consecuencia.

Un directivo centrado en la promoción querrá saber que una idea presenta una oportunidad nueva y emocionante con enormes ventajas. Un directivo centrado en la prevención necesitará saber cómo la sugerencia ayudará al equipo a evitar un problema o una pérdida. Nuestros estudios, en los que han participado más de 800 directivos de primera línea, demuestran que adaptar el mensaje a la personalidad del directivo puede aumentar la probabilidad de que una idea sea aprobada entre un 15% y un 18%.

No hay una forma segura de diagnosticar el enfoque de tu jefe, pero la mayoría de la gente lo tiene claro. ¿Se preocupa por obedecer las normas, seguir los procedimientos operativos estándar y defender la política de la empresa? ¿Es muy cuidadoso a la hora de trazar y ejecutar planes? ¿Es meticuloso con los detalles del trabajo y no estropea nada? Si es así, probablemente se centre en la prevención. ¿O a tu jefe le gusta empezar proyectos pero no necesariamente los termina todos?

¿Habla a menudo de lo que le depara el futuro? ¿Prefiere que otros se preocupen de los detalles de los proyectos? ¿Deja pasar los pequeños errores? Si es así, lo más probable es que tenga un enfoque de promoción.

Facilitar la aplicación

Incluso cuando los directivos ven el mérito de una idea, no hay garantía de que la respalden en medio de una miríada de retos y prioridades contrapuestas. Por eso es útil anticiparse a los posibles obstáculos y explicar cómo superarlos. En los estudios realizados en un gran hospital de urgencias, una empresa inmobiliaria comercial y una empresa contratista de defensa, descubrimos que los directivos suelen evaluar una idea generada por los empleados teniendo en cuenta tres cuestiones: ¿Qué recursos financieros y humanos serán necesarios para ponerla en práctica? ¿Es difícil conseguir la ayuda de otros? ¿Merece la pena dedicarle tiempo, energía y capital político? En tu propuesta deberás abordar estos tres aspectos.

Pensemos en la historia con moraleja de un médico que sugirió que el flujo de pacientes en urgencias podría gestionarse con más eficacia si se contratara a más enfermeras para el triaje de los pacientes. Aunque los beneficios serían considerables (por ejemplo, los pacientes recibirían cuidados críticos con mayor rapidez), los costes probablemente serían elevados: la propuesta podría requerir más personal, plantear problemas de programación y provocar escasez de personal cualificado en otras áreas del hospital, como la UCI y los quirófanos. El médico no había pensado lo suficiente en estos obstáculos antes de hablar con su jefe, así que la idea fue rápidamente rechazada. Una enfermera con la que hablamos nos contó una historia similar. Propuso un sistema mejor para tratar a los pacientes psiquiátricos e intoxicados que sobrecargaban su servicio de urgencias, pero, como el plan requería la coordinación con varios grupos externos —Policía, servicios sociales, responsables políticos y otros, cada uno de los cuales tenía diferentes contactos dentro del hospital—, su jefe no veía la manera de hacerlo realidad. Si hubiera pensado en cómo gestionar esas relaciones, probablemente su propuesta habría tenido más fuerza.

En cambio, otro médico que tuvo en cuenta las preocupaciones de la dirección a la hora de presentar una posible solución a un problema tuvo más éxito. Como su hospital era el único centro de traumatología de nivel 1 de la región, atraía mucho la atención de los medios de comunicación, desde periodistas que cubrían lesiones sensacionales hasta fotógrafos que captaban a famosos de la zona recibiendo tratamiento. Directores, enfermeras y médicos tenían que dedicar un tiempo valioso a atender a los medios de comunicación. En lugar de sugerir que el hospital contratara más personal de relaciones públicas o creara un proceso costoso y complicado para atender a los medios de comunicación, el médico hizo una sencilla sugerencia: erigir una barrera de privacidad en la entrada de las ambulancias que impidiera a los medios ver a los pacientes que llegaban. Costó unos pocos miles de dólares, no requirió tiempo del personal y ahorró muchos quebraderos de cabeza al hospital.

Así que, antes de dirigirte a tus superiores, piensa en los posibles obstáculos a la ejecución. Puede que acabes desechando tu idea, pero, en general, pensar en los obstáculos reforzará tus argumentos. Al exponer tu idea, describe cómo se podrían redistribuir los presupuestos y el personal sin que ello supusiera una carga excesiva para otros proyectos o áreas de la empresa. Explica a qué aliados tendrías que recurrir y ofrécete voluntario para ayudar a incorporarlos. Y no olvides destacar cómo tu idea se alinea con los valores y la estrategia de la organización, y por qué merece la pena que tu jefe la apoye.

Por ejemplo, un empleado que intente persuadir a su jefe para que permita al equipo seguir trabajando a distancia después de la jornada laboral podría centrarse en las ventajas económicas (como el ahorro de costes inmobiliarios) si sabe que su empresa está especialmente centrada en gestionar una cuenta de resultados ajustada. O, si la organización y sus directivos pregonan su compromiso con el bienestar del personal y la conciliación de la vida laboral y personal, y recompensan a los jefes que fomentan el compromiso promoviendo esas iniciativas, podría hacer hincapié en las ventajas de eliminar los largos desplazamientos de los trabajadores. Al aprovechar los valores clave de la empresa —que a menudo se reflejan en las medidas específicas por las que se evalúa a su jefe— puede enmarcar mejor sus ideas para que parezcan más dignas de acción. De hecho, un estudio dirigido por David Mayer demostró que en las organizaciones impulsadas por valores, los empleados que hablaban de los valores de la empresa al defender una idea tenían un 24% más de éxito que los que no lo hacían.

Apoyarse en los compañeros

A menudo, los empleados no buscan la orientación o el apoyo de sus compañeros antes de ofrecer sus opiniones y sugerencias. En un estudio que realicé, casi el 60% de las personas hablaban directamente con sus jefes antes de comentar sus ideas con los compañeros para ver si tenían fundamento. Esto es sorprendente, dado que la primera pregunta que se hacen los directivos suele ser si el asunto es importante y afecta a muchas partes interesadas, o si el empleado está siendo demasiado entusiasta o una «rueda chirriante».

Evidentemente, muchas voces son más persuasivas que una sola, y los aliados te dan credibilidad. Antes de acercarte a tu jefe, comparte tus ideas con tus compañeros, pide consejo sobre cómo mejorar tu discurso y pregúntales si puedes contar con su apoyo o si estarían dispuestos a unirse a ti para presentar la idea. Según varios estudios, los empleados que amplificaron las voces de otros en sus discursos fueron entre un 15% y un 20% más influyentes que los que hablaron solo en su propio nombre.

Incluso puedes plantearte pedir a un compañero de trabajo bien posicionado que presente tu idea por ti. Un colega que tenga más experiencia en la materia o una mejor relación con tu jefe podría ser más persuasivo que tú. Mejor aún si puedes elegir a alguien que no se beneficie directamente del cambio; es probable que los argumentos de esa persona se consideren más legítimos. Al fin y al cabo, tu compañero se está jugando el cuello por ti. Mis coautores y yo descubrimos que las personas que hablaban en nombre de otras eran un 57% más influyentes que las que hablaban por sí mismas.

Aunar fuerzas con los compañeros tiene otra ventaja: ayuda a disipar la frustración instintiva que el directivo podría descargar sobre la persona que hace la sugerencia. Las investigaciones de Leslie John han demostrado que las personas tienden a menospreciar a quienes les dicen cosas que no quieren oír, es decir, disparan al mensajero. La unión hace la fuerza, así que consigue aliados.

Dirígete a la persona adecuada

Ponerte en el lugar de tu jefe también te ayudará a identificar los casos en los que no puede ayudarte. No tiene sentido plantear continuamente problemas a un jefe que carece de poder o autoridad para resolverlos. Por ejemplo, un empleado de un restaurante habló con su jefe de turno sobre los salarios más bajos que ganaban las personas que llevaban años en la empresa en comparación con los que ganaban trabajadores con mucha menos experiencia. Enseguida se dio cuenta de que su jefe no controlaba la política de retribuciones, sino que de llo se encargaba el departamento de RR. HH. de la empresa, y al plantear la cuestión a la persona equivocada, era más probable que causara frustración y no que inspirara un cambio positivo.

En estos casos, considera qué es competencia de tus jefes y si otros directivos serían mejores destinatarios de tus sugerencias. ¿Quién tiene derecho a decidir? ¿Recursos Humanos? ¿Servicios Generales? ¿El jefe de tu jefe? Si no está claro quién es la persona adecuada, puedes probar a utilizar sistemas formales de quejas o buzones digitales de sugerencias para que te ayuden a dar a conocer tus ideas.

Para que quede claro, no estoy recomendando que te limites a saltarte a tu jefe cuando creas que no puede o no quiere actuar. Esto es desaconsejable en la mayoría de los casos, sobre todo en organizaciones muy políticas y jerárquicas, o si tu jefe es especialmente sensible. Es mucho mejor reclutar a tu manager como aliado para vender tu idea al departamento adecuado o a los niveles superiores de la cadena de mando. Acércate a él como colaborador y coconspirador, y pídele ayuda para elaborar tu sugerencia de forma que tenga eco entre los ejecutivos de mayor rango.

Al difundir el mensaje, busca oportunidades para mantener conversaciones informales con los altos cargos. Cuando se reanude la actividad en la oficina, hazlo en la cafetería, en el ascensor, en la fiesta de fin de año. Es probable que los jefes que podrían poner reparos a que un empleado organice una reunión para tratar un tema encuentren las charlas improvisadas menos intimidatorias o incluso dignas de mención.

A pesar de sus evidentes ventajas, la innovación rara vez surge desde abajo en la mayoría de las organizaciones. Sin embargo, la culpa de esas oportunidades perdidas no siempre es de los directivos. Para vender tus ideas en la cadena de mando, piensa en la psicología que subyace a la resistencia de los directivos y reformula tus propuestas de manera que te conviertan en un defensor del cambio más persuasivo.

7

Cuando la diversidad se une al feedback

por Erin Meyer

Si has leído un libro sobre cómo mejorar el rendimiento de una organización en los últimos cinco años, casi seguro has leído sobre los beneficios de desarrollar una cultura de feedback sincero. Kim Scott, antigua ejecutiva de Google, popularizó el término «franqueza radical» en su libro de 2017 con ese nombre, argumentando que incluso un feedback «odiosamente agresivo» era mejor que una «empatía ruinosa» (guardarse para uno mismo una contribución que, de otro modo, podría ayudar a los compañeros).

El multimillonario de fondos de cobertura y fundador de Bridgewater, Ray Dalio, fue un paso más allá en su libro *Principios*, donde describe una cultura de «transparencia radical», en la que los empleados valoran y dan su opinión sobre las contribuciones de los demás a las reuniones en documentos compartidos públicamente a medida que las reuniones tienen lugar. Y en su libro de 2020 *No Rules Rules* (del que soy coautor), Reed Hastings, fundador y presidente ejecutivo de Netflix, enumera el feedback sincero como uno de los tres ingredientes principales de una organización innovadora. Un lema popular en Netflix es «Di de alguien solo lo que le dirías a la cara». Si un empleado acude al jefe para quejarse de otro, este debe responderle: «¿Qué dijo tu colega cuando le diste ese feedback?».

La mayoría de los empleados también reconocen los beneficios del feedback franco y honesto, y dicen que quieren más. En una encuesta realizada en 2019 por Zenger Folkman, el 94 % de los 2700 encuestados dijeron que creían que el feedback correctivo mejoraba su rendimiento cuando se presentaba bien, mientras que casi dos tercios estaban de acuerdo con la afirmación: «Mi rendimiento y mis posibilidades de éxito en mi carrera habrían aumentado sustancialmente si me hubieran dado más feedback.». Los autores de la encuesta concluyen que el feedback —bien hecho— puede ser un auténtico regalo para las personas y las organizaciones.

Pero hay otro movimiento en las empresas que ha ganado cada vez más fuerza: la diversidad, la equidad y la inclusión (DEI). Impulsada por los movimientos Black Lives Matter (Las vidas de los negros importan) y #MeToo, la DEI es quizá la tendencia de cultura organizativa más general de la década. En la actualidad, todas y cada una de las empresas de la lista Fortune 100 citan la DEI como una prioridad clave en su sitio web.

A primera vista, la DEI parece compatible con una cultura de feedback sincero. Cuanto más diversa sea la plantilla, más beneficioso será escuchar las opiniones de todos y más éxito tendremos todos. Cuando Satya Nadella se hizo cargo de Microsoft, en 2014, declaró que trabajaría para convertir lo que se había convertido en una cultura de saberlo todo en una cultura de aprenderlo todo. Mientras que los «sabelotodo» se centran en elevar su estatus demostrando su experiencia y ocultando sus debilidades, los «aprendelotodo» tienen el valor y la humildad de escuchar abiertamente las críticas constructivas y están deseosos de oír las opiniones de compañeros de equipo que tienen puntos de vista diversos.

Por desgracia, una cultura de aprenderlo todo no surge de forma natural. Y, cuando se trata de compartir opiniones y consejos, la diversidad suele generar complicaciones que, si no se comprenden y gestionan, pueden crear un entorno plagado de malos sentimientos, actitudes defensivas y ruptura de relaciones. Esto se debe a que la inmensa mayoría de las personas no están dispuestas a recibir críticas a menos que se sientan seguras con la persona que se las hace. ¿Las personas que evalúan tu trabajo realmente quieren ayudarte o están

En pocas palabras

El desafío

En los últimos años, los principales ejecutivos han pregonado las ventajas de un entorno de trabajo marcado por la franqueza. Parece que los empleados también se han dado por aludidos. Por desgracia, la creciente diversidad de nuestros lugares de trabajo ha hecho que sea mucho más probable que el feedback no caiga bien y se malinterprete como un acto de hostilidad. Esto se debe a que las personas de diferentes culturas, géneros y generaciones tienen expectativas distintas sobre cómo y quién debe dar su opinión.

El camino que seguir

Este artículo explica cómo sortear las diferencias: debes entender las normas de feedback de los distintos destinatarios y adaptarte a ellas. Sigue las tres A: asegúrate de que cualquier consejo tiene la intención de *Ayudar*, es *Aplicable* y que, *Antes* de darlo, se *pide*. Por último, consigue que todos los miembros de tu equipo estén de acuerdo estableciendo un enfoque común e incorporando ciclos regulares de feedback en tus colaboraciones.

intentando subrepticiamente avergonzarte, quitarte el trabajo o usurpar tu poder?

De hecho, la diversidad en el lugar de trabajo aumenta la probabilidad de que la gente interprete el feedback como un acto de hostilidad. Eso significa que la gente debe tener cuidado con la forma en que lo proporciona. Por supuesto, la diversidad en el trabajo hoy en día abarca muchos tipos de diferencias, desde la raza y la orientación sexual hasta el origen religioso y étnico. En las páginas siguientes me centraré en cómo se puede mejorar la forma de proporcionar feedback en tres tipos concretos de diversidad: culturas, géneros y generaciones. También describiré estrategias para fomentar un clima en el que puedan coexistir la franqueza y la diversidad. Concluiré analizando cómo las prácticas organizativas pueden aumentar las contribuciones frecuentes y regular una parte normal de la vida laboral.

1. Feedback entre culturas: mejorar, degradar o envolver lo positivo con lo negativo

En el mundo virtual e interconectado de hoy en día, puedes tener una reunión estratégica con un colega en la India a las nueve de la mañana, asistir a una presentación financiera en Estocolmo a las diez y dirigir un programa para nuevos directivos en Sudamérica al mediodía. Si formas parte de un equipo que hace hincapié en el feedback sincero, en cualquier momento del día puedes encontrarte criticando —o recibiendo críticas— a personas de culturas y países muy diversos.

El riesgo de enfadar a la gente en estas situaciones es alto. Esto se debe a que lo que en una cultura se considera una forma constructiva de ofrecer feedback suele percibirse como destructiva en otra. No es fácil para los forasteros comprender los matices que rodean la retroalimentación en otras culturas. Por ejemplo, la gente de todo el mundo suele estereotipar la cultura estadounidense como excesivamente directa. En algunos aspectos, este estereotipo es cierto. Los estadounidenses tienden a valorar mucho la comunicación clara y sencilla y las acciones como recapitular los puntos clave y confirmar las decisiones por escrito. A muchos les parece que este enfoque es directo. Pero la historia cambia cuando se trata de comentarios negativos, ya sea en una revisión crítica del rendimiento o en una evaluación de la presentación poco ideal de un colega.

En esas situaciones, los estadounidenses tienden a hacer especial hincapié en preservar la autoestima del receptor de la valoración, lo que lleva a prácticas habituales en Estados Unidos como dar tres positivos por cada negativo, pillar a la gente haciendo las cosas bien y utilizar superlativos para acentuar lo positivo, incluso cuando lo negativo es el punto clave («En general fue excelente. En esta parte quizá quieras hacer algunos pequeños retoques»). Esto resulta francamente confuso para la gente de países en los que es mucho más probable que los directivos digan las cosas como son (Países Bajos, Alemania, Dinamarca, Israel, Rusia y Francia —donde yo vivo—, por citar solo algunos).

Un ejemplo es Olga, una ejecutiva de recursos humanos ucraniana que asistió a mi curso en INSEAD. «En mi cultura, si hay un problema, lo decimos claramente —explica Olga—. No percibimos como algo desmotivador o poco amable decirle a un colega: "Esto no está bien" o

Alarmas en el cerebro

Dar feedback es complicado incluso antes de tener en cuenta las complicaciones derivadas de la diversidad, como demuestra un experimento que realicé con más de tres mil ejecutivos que fueron mis alumnos en INSEAD. En él les planteé un sencillo problema de elección múltiple.

La situación

Acudes a una reunión con un cliente y un compañero de equipo. El compañero es superior a ti, pero no es tu jefe. Sois amigos, pero no íntimos. En la reunión, tu compañero habla demasiado alto y es demasiado intenso. Tu cliente, una persona reservada, responde con evidente incomodidad. Cuando tu cliente habla, tu compañero a menudo no lo mira, con lo que da la impresión de que no lo está tomando en serio. Cuando termine la reunión, ¿le darás este feedback a tu colega?

Tus opciones

A. Sí. Se lo daré clara y rápidamente. Le ayudará a él, al cliente y a la organización.

B. Tal vez. No me ha pedido opinión. No soy su jefe, así que no es mi responsabilidad. Esperaré a ver si se presenta la oportunidad.

C. No. A menos que me lo pida, no se lo daré. No sé si él está abierto a ello y no quiero arriesgarme a dañar nuestra relación.

En mi investigación, más del 90 % de los participantes eligieron la opción A, dar la opinión. Este porcentaje se mantuvo en todos los sectores, sexos, culturas y niveles de empleo. Sorprendido, empecé a hacer una pregunta de seguimiento: «¿Y tus compañeros de equipo? ¿Darían ellos el feedback?». Esto llevó a la reflexión y, a menudo, a la risa. La abrumadora mayoría de los participantes respondió: «No. Está claro que mis compañeros de equipo no harían comentarios».

(Los comentarios de seguimiento incluían cosas como «De hecho, nunca recibo ningún tipo de feedback, excepto ocasionalmente de mi jefe»).

Esto me llevó a burlarme de ellos, y les pregunté: «¿No es interesante que solo participen en mis sesiones esas raras personas que darían el feedback?». Al parecer, la mayoría de los directivos, cuando se enfrentan a este problema en un aula, dicen que darán el feedback, pero en la vida real no lo hacen.

La cuestión es que el escenario desencadena un conflicto en el cerebro de las personas entre el córtex frontal y la amígdala. Al córtex, la parte más lógica del cerebro, le encanta el feedback sincero. Pero a la parte más primitiva del cerebro, la amígdala, no.

Si me dices que he actuado de forma ineficaz, puede saltar una alarma en mi amígdala: «¡Peligro! Puede que me echen de mi tribu». Las hormonas del estrés —cortisol y adrenalina— inundan mi torrente sanguíneo y ponen mi cuerpo en modo «lucha o huida». La reacción de lucha me lleva a responder a la defensiva: «Yo no soy el problema. Tú lo eres». La reacción de huida puede dar lugar a un comentario como: «Muchas gracias por el comentario. Es muy útil», tras lo cual intento no volver a dirigirle la palabra.

Por lo tanto, el reto del feedback consiste en asegurarse de que se consigue que el córtex anule a la amígdala.

"Este comportamiento debe cambiar". No hablamos de lo que nos gustó y apreciamos antes de ir al grano ni empezamos la conversación hablando del tiempo. Saltamos al tema en cuestión».

Olga no había pensado mucho en las diferencias culturales hasta que se trasladó de Ucrania a Virginia Occidental. En su trabajo allí, cuenta, «mi colega Cathy era la responsable de las nóminas. Cada mes, cuando salían las nóminas, había errores. Era frustrante, así que la invité a mi despacho y le dije: "Cathy, esto no puede seguir así. Tus errores están creando grandes quebraderos de cabeza"».

Más tarde, cuando el jefe de los empleados temporales envió un correo electrónico privado a Olga para quejarse («¡Increíble! Cathy se ha vuelto a equivocar con las cantidades»), Olga respondió a todos, copiando a Cathy para que pudiera ver ella misma los comentarios del jefe y respondiendo: «Tienes razón. Esto es totalmente inaceptable y no volverá a ocurrir». Para sorpresa de Olga, su jefe se pasó por allí para corregir su comportamiento, al que se refirió como «poco delicado». Le informó de que Cathy se había enfadado tanto que había pedido cambiar de trabajo. Le explicó que Olga no debía criticar el trabajo de nadie cuando otras personas tenían copia de la comunicación. También le sugirió que utilizara «podría» y «debería» en lugar de «debe» y «no puede». Para Olga fue una revelación cultural.

La complejidad no acaba ahí. Puede que los estadounidenses sean maestros en envolver lo positivo con lo negativo, pero en algunas culturas menos directas es probable que lo explícito del enfoque estadounidense se perciba como algo inapropiadamente contundente. Por ejemplo, Jethro, un estadounidense de voz suave pero franca que trabaja en Silicon Valley. Poco conocedor de las diferencias culturales, no tardó en meterse en problemas por dar su opinión (por vídeo) a compañeros de Tailandia utilizando métodos comunes en Estados Unidos. El Departamento de Recursos Humanos de Bangkok se quejó de que estaba acosando a sus colegas tailandeses.

Jethro describe así la situación: «Había pensado detenidamente cómo proporcionar el feedback. Mis comentarios (tanto verbales como luego por escrito) fueron específicos, pues explicaba qué acciones habían conducido a resultados positivos y cuáles habían sido problemáticas, y luego esbozaba claramente lo que mis colegas debían hacer de forma diferente para mejorar la satisfacción del cliente».

Sin embargo, la responsable de RR. HH. de Tailandia tiene su propia opinión: «La tendencia estadounidense a dar feedback indicando explícitamente "el área que necesita mejorar" ya resulta agresiva para un receptor tailandés —dijo a Jethro—. Para empeorar las cosas, los estadounidenses suelen terminar las discusiones recapitulando los puntos clave por escrito, lo que nos hace sentir que no confían en que hagamos lo que decimos o que intentan meternos en problemas».

Explicó que Jethro tendría más éxito si, en lugar de detallar lo que sus colegas tailandeses habían hecho mal, elogiaba claramente lo bueno y omitía lo malo. Si era específico sobre las cosas que habían funcionado bien, no necesitaba comentar en absoluto los aspectos negativos; los empleados tailandeses entenderían que no estaba contento con lo que no había mencionado. Por ejemplo, al comentar una presentación que acababa de ver, podía decir: «Me gustaron especialmente los ejemplos que diste en la presentación de la semana pasada». No necesitaría decir: «Los ejemplos de la presentación de esta mañana no eran muy buenos». Quedaría implícito con suficiente claridad.

Jethro aprendió la misma lección que Olga: «Vi claramente que lo que es normal y apropiado en mi cultura puede resultar del todo inapropiado en otro lugar», reflexiona.

Una forma de calibrar qué feedback funciona mejor en otra cultura es escuchar atentamente las palabras elegidas por tus interlocutores. Las personas de culturas más directas tienden a utilizar lo que los lingüistas llaman «activadores» cuando hacen una crítica. Se trata de palabras que dan más fuerza a la crítica, como «absolutamente», «totalmente» o «completamente». Por ejemplo: «Esto es absolutamente inapropiado» o «Esto es totalmente poco profesional». Por el contrario, las culturas más directas utilizan más «relativizadores» cuando hacen comentarios negativos. Son palabras que suavizan la crítica, como «más o menos», «un poco» y «quizá».

Otro tipo de degradación es la subestimación deliberada; por ejemplo, decir: «Todavía no hemos llegado», cuando en realidad quieres decir: «Esto no está ni cerca de completarse», o: «Esto es solo mi opinión», cuando en verdad quieres decir: «Estoy seguro de que esto es obvio para todo el mundo».

Con un poco de conciencia, puedes darte cuenta de cuándo estás utilizando activadores y relativizadores y cuándo lo están haciendo los que te rodean, y hacer ligeros ajustes para obtener los resultados deseados. Cuando se trata de dar feedback a nivel internacional, el mensaje no es «Haz a los demás lo que te gustaría que te hicieran a ti», sino «Haz a los demás lo que ellos se harían a sí mismos».

2. Feedback entre géneros: dar primero el don del poder

Las diferencias culturales representan solo una pequeña parte de la diversidad en el lugar de trabajo. Las diferencias de género aumentan la complejidad. Como mujer en una escuela de negocios en la que más de tres cuartas partes del profesorado son hombres, empecé a pensar desde el principio en cómo afecta el género a cuándo y cómo compartimos nuestras opiniones.

Los estudios demuestran que las mujeres líderes, mucho más que sus homólogos masculinos, deben ser cálidas y agradables (rasgos tradicionalmente femeninos), además de competentes y firmes (rasgos que desde siempre se esperan de los hombres y los líderes). Esta línea es difícil de trazar, y las mujeres que hacen comentarios francamente negativos corren el riesgo de ser percibidas como combativas. Un estudio realizado en 2020 en la Universidad de Stanford demostró que, aunque las mujeres y los hombres tienen las mismas probabilidades de ser descritos como poseedores de habilidades técnicas, las mujeres tienen muchas más probabilidades de ser descritas como agresivas. Por eso las mujeres que proporcionan comentarios francos corren el riesgo de ser percibidas como atacantes.

La dinámica es igual de complicada pero completamente diferente para los hombres. En 2008, un ensayo de Rebecca Solnit inspiró el término *mansplaining*, que describe situaciones en las que un hombre explica algo a una mujer que sabe más que él. *Manvising* aún no ha llegado a nuestro léxico, pero a la mayoría de las mujeres el fenómeno les resulta igualmente familiar: describe los momentos en que los hombres dan a las mujeres consejos que ellas ni han pedido ni quieren. La propia Solnit lo ilustró de forma muy sencilla en un artículo que escribió en 2022: «Hace unos años, una amiga mía se casó, y, cuando llegué al rústico lugar de la boda, un hombre al que no conocía se colocó detrás de mi coche para hacerme señales dramáticas con la mano. Yo no necesitaba ni pedía ayuda, pero él me la estaba dando, y estoy segura de que pensó que el mérito de que yo hubiera conseguido aparcar mi pequeño coche en ese sitio tan fácil era, al menos en parte, suyo».

Solnit insinúa que este hombre le dio consejos no solicitados porque pensaba que sus habilidades eran superiores a las de ella, ya que era un hombre. Puede que pensara así, pero los estudios revelan que los hombres son tan propensos a dar consejos no solicitados a otros hombres como a las mujeres. Las investigaciones también revelan que las mujeres dan una cantidad considerable de consejos a otras mujeres. Es con el feedback entre géneros cuando la discrepancia se hace evidente: un proyecto de investigación demostró que los hombres tienen cinco veces más probabilidades de dar consejos no solicitados a las mujeres que las mujeres de dárselos a los hombres.

Es un problema, porque, aunque dar consejos puede ser generoso y amable, también da la impresión de que uno se pone por encima de la persona a la que se los da. En mi propia investigación he entrevistado a docenas de hombres y mujeres sobre este fenómeno. He descubierto que, aunque la mayoría de los hombres no creen que sean culpables de *manvising*, más del 90 % de las mujeres afirman haber recibido recientemente consejos no solicitados de sus colegas masculinos.

Una de mis entrevistadas, una vicepresidenta de marketing del sector del software a la que llamaré Cassandra, me dio un ejemplo. En una reunión a la que asistieron dos mil compañeros, tuvo que hacer dos presentaciones sobre un importante proyecto que dirigía. En la primera presentó los resultados de nueve meses de trabajo. Estaba ansiosa porque de la acogida que recibiera dependía que el proyecto saliera adelante o fracasara. A pesar de sus temores, sintió que había superado la presentación y, eufórica, se dirigió a la sala de oradores para esperar la segunda presentación. Allí se encontró con su colega Miles, que había hablado esa misma mañana.

Esto es lo que ocurrió después: «Estaba encantada de relajarme y charlar —recuerda Cassandra—. Después de algunos intercambios amistosos, Miles me sorprendió con un comentario: "Tu presentación fue perfecta en un 90 %. El público se lo ha tragado. Creo que has hablado demasiado rápido, lo que te ha puesto nerviosa. Además, quizá tenías la boca demasiado cerca del micrófono, porque tu voz sonó un poco metálica". Aunque, en retrospectiva, los comentarios de Miles eran útiles y pretendían ayudarme antes de que volviera a subir al escenario, sentí que había secuestrado mi confianza en mí misma. Estaba feliz por lo que había conseguido y ahora me sentía como un niño inexperto que recibe consejos de un profesor. Noté que mi cuerpo se desplazaba físicamente hacia atrás en mi silla para alejarme lo más posible de Miles».

Como demuestra la historia de Cassandra, incluso cuando el feedback se proporciona con un deseo genuino de ayudar, da claramente a la persona que lo dispensa un poder emocional sobre la persona que lo recibe. Según un estudio reciente, cuando las personas reciben comentarios espontáneos, su ritmo cardíaco se dispara a un nivel que indica una coacción moderada o extrema. No es de extrañar que, cuando una persona da su opinión a otra, la compostura del receptor se tambalee.

Las investigaciones también demuestran que el acto de dar consejos hace que la gente se sienta más poderosa. En un estudio se preguntó a 94 empleados de bibliotecas con qué frecuencia daban consejos durante su jornada laboral. Cuantos más consejos daban, más poderosos decían sentirse. En otro estudio, los mismos investigadores pidieron a 188 estudiantes que leyeran y respondieran al relato escrito de un estudiante que tenía dificultades para elegir una carrera. Tanto el hecho de dar el consejo como el de saber que el estudiante lo había leído aumentaron la sensación de poder de los sujetos.

Todo esto hace que el feedback entre géneros sea delicado. Un miembro de la mayoría (un colega varón, por ejemplo) que da su opinión a alguien de un grupo infrarrepresentado (como una mujer en un puesto directivo) puede dar la impresión de estar menospreciando a alguien, incluso cuando intenta ayudar sinceramente.

Sin embargo, la historia no es el destino. Utilizando lo que yo llamo las tres A de la retroalimentación, puede enseñar a su plantilla a ofrecer consejos de forma que se obtenga la información útil y, al mismo tiempo, se equilibre la dinámica de poder. La primera A es que la retroalimentación debe tener la intención de ayudar. (Siempre debe proporcionarse con la intención genuina de ayudar a su homólogo a tener éxito y nunca debe darse solo para desahogarse). La segunda es que debe ser aplicable. Si no queda muy claro lo que tu interlocutor puede hacer para mejorar, guárdatelo para ti.

La tercera A es que, antes de dar opiniones, hay que pedirlas. Esto es especialmente importante en las interacciones entre hombres y mujeres. A menos que alguien te haya pedido consejo específicamente (en cuyo caso, dáselo), pide sugerencias sobre tu propio trabajo antes de ofrecer a nadie tus ideas. Si Miles hubiera empezado su conversación con Cassandra diciendo: «Me encantaría que me dijeras lo que piensas sobre mi presentación de esta mañana», la habría puesto en una posición de poder antes de cambiar las tornas, lo que habría hecho que ella considerara su consejo como una ayuda valiosa y no como un intento de imponer su dominio.

3. Feedback entre generaciones: crear una cultura de equipo explícita

La diversidad generacional en el lugar de trabajo ha aumentado considerablemente en las últimas décadas, a medida que la gente vive más años, goza de mejor salud y se jubila más tarde. En las organizaciones actuales, las personas pueden colaborar con colegas de cuatro generaciones a la vez, algo inaudito hace unas décadas.

Empecé a interesarme por la diversidad de edad en el trabajo hace veinticinco años, en mi primer puesto directivo. Había contratado a una mujer que tenía exactamente la misma edad que mi madre para formar parte de mi equipo. Carole, farmacéutica de formación, era elegante y mundana, y accedía a su primer empleo después de pasar dieciocho años criando a sus hijos. Aún recuerdo lo incómoda que me sentí cuando empezó a tener dificultades con un cliente y tuve que darle consejos correctivos. La diferencia de edad no me había parecido un problema cuando las cosas iban bien, pero no sabía cómo evitar parecer odiosa cuando le indicaba los comportamientos que tenía que cambiar.

La experiencia que estaba viviendo se denomina a veces incongruencia de estatus. Básicamente, significa que el estatus asignado a tu papel en la sociedad no se corresponde con el papel que estás desempeñando en el contexto actual. Un proyecto de investigación con ocho mil empleados en Alemania demostró que, cuando los directivos más jóvenes supervisan a trabajadores de más edad, la incongruencia de estatus tiene un impacto negativo medible en la felicidad de los empleados. No se trata solo de sentirse extraño tratando a un mayor como subordinado. Como concluyeron los investigadores de este estudio, la inversión de papeles sugiere constantemente al subordinado de más edad que esa persona, de alguna manera, «no ha sabido seguir el ritmo».

Para complicar aún más el reto, cada generación sucesiva ha desarrollado sus propias ideas sobre quién debe dar feedback a quién, cómo de formal o espontáneo debe ser, y en qué medida debe articularse el elogio frente a la crítica. Un miembro puede esperar que el feedback se dé anualmente de jefe a subordinado, por ejemplo, y otro que se dé en tiempo real en todas las direcciones. He aquí algunas de las principales diferencias:

Los *baby boomers* (que ahora tienen entre cincuenta y setenta años) fueron los primeros en ser calificados en la escuela por «trabajar bien con los demás». También fueron los primeros en tener discusiones de trabajo sobre la eficacia interpersonal y la inteligencia emocional, y vieron en la retroalimentación una forma de mejorar ambas. Aunque las generaciones anteriores eran más propensas a insinuar lo que se debía hacer de otra manera que a expresar abiertamente su opinión, los *boomers* introdujeron la revisión anual del rendimiento. Según la investigadora generacional Lynne Lancaster (coautora de *When Generations Collide*), aprendieron que el feedback debía ser formal y documentado y darse en reuniones anuales entre jefe y subordinado.

Los miembros de la generación X (de cuarenta a cincuenta años) crecieron en un contexto de divorcios crecientes y familias con dos ingresos. Abandonados a su suerte en casa, estos niños aprendieron a arreglárselas sin una figura de autoridad. Son aficionados al bricolaje y dependen de las notas de mamá explicándoles cómo cocinar pasta. Suelen ser bastante menos formales que sus colegas de la generación *boomer* y no quieren esperar todo el año para saber cómo les va. Son la primera generación que empieza a dar opiniones ascendente al jefe. Y, según Lancaster, son más propensos a querer feedback instantáneo.

Los *millennials* o generación Y (entre veintitantos y cuarenta años) se criaron cuando la psicología de la educación infantil se centraba en fomentar la autoestima. Producto de la crianza en helicóptero y de la filosofía de que «a cada niño le corresponde un trofeo», a veces se les llama sarcásticamente la «generación copo de nieve» (porque son sensibles y fáciles de aplastar). Pero, según el experto generacional Neil Howe (coautor de *Generations*), este estereotipo es engañoso. Los *millennials* tienen una autoestima alta, dice, pero su confianza en sí mismos parece estar correlacionada con la resiliencia emocional.

Una investigación realizada en 2019 demostró que, a la hora de aceptar comentarios, los *millennials* son menos sensibles que sus colegas de más edad. Aunque los miembros de esta generación esperan y aprecian los elogios frecuentes y abundantes, no esperes que se marchiten cuando las críticas son duras.

Los *zoomers* (entre la adolescencia y la veintena) fueron la primera generación que creció rodeada de redes sociales. Con los canales de YouTube y las plataformas TikTok, alcanzaron la mayoría de edad en un mundo de comentarios informales constantes. Los *zoomers* aprendieron a publicar algo en las redes sociales por la mañana y a ver las reacciones durante todo el día. Es más probable que esperen dar y recibir comentarios frecuentes y en tiempo real en todas las direcciones (de subordinado a jefe, de igual a igual, etc.).

Las tensiones intergeneracionales que generan estas diferencias quedan bien reflejadas en la experiencia de Richard, un redactor de negocios de unos cincuenta años que trabaja en un importante grupo de medios de comunicación. Hace poco asistió a una sesión en la que todos los miembros de su departamento se turnaban para comentar sus proyectos. Primero, un par de colegas más veteranos elogiaron a Richard y le dieron consejos para mejorar su trabajo. Luego le tocó el turno a Connor.

Connor, un escritor de talento de veintitantos años, fue menos halagador. «Está muy bien —le dijo a Richard— pero has dejado completamente de lado tu personalidad. Tu público quiere sentir que estás con ellos, pero tu voz individual está ausente». Richard se lo tomó a mal. «Me sentí muy incómodo al recibir la opinión de un chico con décadas menos de experiencia que yo —recuerda—. Mi reacción inmediata fue rechazar sus comentarios. No estaba preparado para escuchar lo que decía, y mucho menos para volver a colaborar con él».

Connor no solo era décadas más joven que Richard, lo que provocaba una incongruencia de estatus, sino que, en la generación *baby boomer* de Richard, la opinión de alguien que no es tu jefe es infrecuente e inapropiada. Richard salió de la reunión negando con la cabeza que aquel chico inexperto le dijera que a su escrito le faltaba una voz clara.

Si dirige un equipo multigeneracional, la mejor manera de abordar las diversas expectativas sobre el feedback suele ser establecer normas explícitas sobre cómo y cuándo debe darse. Así se crea una plataforma común en la que todos pueden converger.

A pesar de la incomodidad que sintió Richard al recibir las críticas de Connor, comprendió que este se comportaba en consonancia con la cultura del equipo. Esto lo empujó a pararse y reflexionar. «Cuando llegué a casa, empecé a pensar en los comentarios que había recibido —dice Richard—. Quedó claro que la de Connor había sido la más valiosa. Los hombres de mi generación tienen una perspectiva similar a la mía, pero la visión diferente de Connor me empujó a ver cómo enriquecer mi escritura. Tenía razón. Mi experiencia como periodista me había enseñado a dejarme a mí mismo fuera de mis escritos, y en este caso hacía que el artículo pareciera estéril. El hecho de que Connor proceda de una generación en la que la gente se revela más abiertamente le facilitó identificar las carencias de mi escrito. Volví a ella con nuevos ojos y escribí algo infinitamente mejor».

4. Conseguir que todos participen en el circuito de retroalimentación

Las investigaciones más recientes se han centrado en las ventajas de la información en tiempo real. Ver el problema, corregir el problema. Eso está bien si eres el jefe que transmite su opinión a su personal. Pero, si eres más joven y tienes menos experiencia (o trabajas en un equipo muy diverso), parar a tus compañeros en el pasillo para decirles cómo podrían hacer mejor su trabajo probablemente pondrá a tus compañeros a la defensiva, te granjeará un montón de enemigos y puede que incluso frustre tu carrera.

Hay un mecanismo que hace aflorar con eficacia todo el feedback diverso que los aprendices necesitan para prosperar. Si incorporas la retroalimentación a las colaboraciones, tu equipo la reconocerá no como un signo de condescendencia o malevolencia, sino como parte integrante del trabajo. Esto implica reservar momentos específicos para intercambios mutuos: «Sé que debo escuchar abiertamente tus comentarios sobre lo que crees que he hecho bien y lo que puedo hacer para mejorar. Yo haré lo mismo contigo». Y lo hacemos con regularidad para mantener alto el rendimiento del equipo.

A la hora de establecer cualquier bucle, tienes que aclarar qué cantidad de comentarios positivos y constructivos debe proporcionar cada compañero de equipo. Por ejemplo, puedes pedir a los compañeros que estructuren sus comentarios en algo que consideran que la otra persona está haciendo bien y algo que la otra persona podría hacer para mejorar su rendimiento. También puedes utilizar una estructura de «empezar, parar, continuar», describiendo algo que hay que empezar a hacer, algo que hay que dejar de hacer y algo que hay que seguir haciendo.

En función de la madurez y cohesión del equipo, puedes instituir bucles más o menos públicos. He aquí tres enfoques posibles:

Charlas individuales

Si los miembros de tu equipo nunca se han dado feedback unos a otros, un buen paso inicial es pedir a tus subordinados inmediatos que se reúnan individualmente con cada uno de los miembros de su equipo en el próximo mes para compartir el feedback, siguiendo las reglas básicas que se acaban de describir. El feedback queda entre los dos compañeros de equipo.

Sesiones de «citas rápidas»

Si las relaciones del equipo son más estrechas, pueden estar preparados para compartir un poco más abiertamente. Pide a los participantes que preparen una respuesta rápida entre ellos. Divídelos por parejas para que debatan durante seis minutos; cada uno de ellos deberá dar su opinión en tres minutos. A continuación, se debe cambiar de compañero. Al final de la reunión, pide a todos los miembros del equipo que informen al grupo de un comentario útil que hayan recibido y que vayan a poner en práctica.

Círculos de feedback de 360 grados en directo

Si tienes un equipo maduro con relaciones sólidas, reúne a los miembros durante una comida y establece turnos. Si soy el primero, la persona a mi izquierda me da su opinión (delante del grupo). Yo escucho y doy las gracias. A continuación, la persona situada a la izquierda de ese miembro del equipo me da su opinión. Una vez completado el círculo, pasamos al siguiente destinatario. Al final, cada persona expone una idea clave de la información recibida.

Intercambiar opiniones delante de un equipo requiere valentía, pero ofrece claras ventajas. Evita que los miembros cuchicheen a espaldas de los demás y anima a todo el equipo a ver el feedback como una forma normal y saludable de alcanzar el éxito. Una persona que experimentó un círculo de 360 grados me dijo: «Que me destrocen públicamente suena a tortura. Cada vez que voy a un 360 en directo, me pongo nervioso. Pero, cuando empiezas, ves que todo va bien. Como todo el mundo está mirando, la gente se cuida de ser generosa y solidaria con la única intención de ayudarte a triunfar. Nadie quiere avergonzarte ni atacarte. Todo el mundo recibe un montón de consejos duros, así que no se te señala. Cuando te llegue el turno, puede que te resulte difícil escuchar lo que la gente tiene que decirte, pero considéralo uno de los mayores regalos de desarrollo de tu vida».

Una vez que hayas establecido los circuitos de feedback adecuados, estarás en el camino correcto para crear un equipo lleno de personas que aprenden de todo y que prosperan con la diversidad de perspectivas. Si tu grupo está formado por personas de distintas culturas, géneros y generaciones, conseguir que tus empleados se den retroalimentación unos a otros con frecuencia y abiertamente permite a cada uno obtener innumerables ideas sobre cómo mejorar, empuja al equipo hacia la excelencia, expone los puntos ciegos y promueve una mayor cohesión. Así es como puedes asegurarte de que la DEI y la franqueza radical convergen en lugar de chocar.

8

¿Quieres relaciones más sólidas en el trabajo? Cambia tu forma de escuchar

por Manbir Kaur

Roan entró en la oficina escuchando su *playlist* favorita de la mañana. Cuando se acercaba a su mesa, su jefe, Andy, lo interceptó. Roan se quitó un auricular. «Hay un problema con el informe que presentaste ayer —dijo Andy—. Creo que hay que revisarlo. ¿Podrías ponerte a ello lo antes posible?».

«¿Fue eso realmente lo primero que Andy podía decirme esta mañana?», pensó Roan.

Con la mitad de su mente todavía en su música y la otra mitad tratando de ajustar su plan para la mañana, Roan sacudió la cabeza sin decir palabra y siguió caminando.

«¿Me estaría escuchando?». Andy estaba un poco ofendido.

En las conversaciones ocurren muchas cosas en el cerebro. La desaparecida Judith Glaser, autora de *Inteligencia conversacional*, escribe que, en una conversación, nuestro cerebro tarda solo 0,07 segundos en formarse una impresión inicial de la intención de la otra persona, y con ella decide si confiamos o no en ella. A continuación, esa impresión influye en nuestra respuesta. Según esa medida, la conversación de Andy y Roan solo puede considerarse «pobre».

Simplificar la neuroquímica de la escucha

En su libro, Glaser cita a varios investigadores para explicar que, cuando percibimos una amenaza en una conversación, la amígdala (parte del sistema límbico de nuestro cerebro) activa el modo de protección y se liberan algunas hormonas, como el cortisol. Cuando el cortisol inunda nuestro cuerpo, es posible que no seamos capaces de comprometernos y conectar, y es probable que nos volvamos más reactivos, emocionales e impulsivos. También tendemos a percibir las situaciones de forma más negativa.

Por otro lado, las conversaciones que fomentan la cooperación y la comprensión dan lugar a la liberación de un conjunto diferente de hormonas, entre ellas la oxitocina, que refuerzan una experiencia de vinculación. Es entonces cuando dejamos de ser protectores y empezamos a conectar con los demás para construir relaciones duraderas basadas en la confianza mutua.

Al elegir la forma en que escuchamos, tenemos el poder de influir en las reacciones neuroquímicas que se producen en el cerebro.

Cómo escuchamos

El marco de Glaser sobre la inteligencia conversacional sugiere que escuchamos con tres actitudes destacadas. Cada una de ellas influye en cómo nos responderá el interlocutor.

Escuchar para proteger

Estás a la defensiva. Intentas proteger tu identidad y tu espacio. El interlocutor puede sentirse ignorado.

El desafío

La forma en que escuchamos a los demás puede desempeñar un papel fundamental en la construcción de relaciones más sólidas en el trabajo. Las investigaciones demuestran que en una conversación el cerebro tarda solo 0,07 segundos en formarse una primera impresión de la intención de la otra persona y decidir si confiar en ella o no. Cuando percibimos una amenaza en una conversación, se liberan hormonas del estrés y puede que no seamos capaces de comprometernos y conectar.

El camino que seguir

Para escuchar mejor, hay cuatro métodos que pueden ayudar: entra con la intención adecuada, usa la cabeza y el corazón, ponte en el lugar de la otra persona y demuestra que estás comprometido.

Escuchar para aceptar o rechazar

Se escucha con intención de juzgar. El orador puede sentirse etiquetado. A menudo verás ejemplos de esto durante una reunión de equipo.

Escuchar para cocrear

Estás escuchando para conectar con la otra persona, y hay seguridad psicológica. Empiezas con la intención de explorar y comprender:

- ¿Qué intentan decir?
- ¿En qué están pensando?
- ¿Qué esperan explorar conmigo?
- ¿Cómo puedo conectar con su mundo?

Cuando eliges escuchar con la mente abierta, la neuroquímica de tu propio cuerpo y la de la otra persona acudirán en tu ayuda, y crearán la oportunidad de construir una mayor comprensión.

De hecho, escuchar es divertido y puede darte nuevas perspectivas.

Cómo ser un buen oyente

Para desarrollar mejores hábitos de escucha, pon en práctica estos cuatro consejos en tu próxima conversación:

Únete con la intención adecuada

Cuando estés en una conversación, empieza con la intención de escuchar de verdad a la otra persona. Asegúrate de que crees que tiene algo valioso que decir y de que para ti es importante darle la oportunidad de decirlo.

> Si Roan se hubiera quitado inmediatamente los dos auriculares, Andy no se habría sentido ignorado.

> En lugar de culpar a Roan del problema del informe, Andy podría haber establecido el contexto y haberle preguntado si alguna de sus instrucciones había sido poco clara, lo que tal vez provocó los problemas del informe.

Usa la cabeza y el corazón

Intenta entender no solo el «qué», sino también el «porqué». Escuchar bien te ayudará a entender las razones y a conectar con las emociones que hay detrás de lo que se dice.

> Roan podría haber reconocido el error: «Siento que el informe no haya cumplido tus expectativas. Por favor, ayúdame a entender cómo puedo mejorar». Expresar y reconocer claramente esos sentimientos podría sentar las bases para una conversación más sólida y también ayudar a generar confianza entre ambos.

> Andy podría haber sido más sensible en lugar de emboscar a Roan justo cuando entraba. «Siento pillarte ahora, ya que veo que acabas de llegar al trabajo, pero esto es realmente urgente. ¿Tienes un minuto?».

Ponte en el lugar de la otra persona

Nadie entiende tu situación y tus retos, ¿verdad? Pues bien, esa perspectiva también se aplica a la otra persona. Así que escucha con empatía y compasión. Aunque tus propias limitaciones te impidan ayudarla, al menos puedes escuchar con atención.

Roan podría haber reconocido la urgencia de la petición de Andy y haberle asegurado que se ocuparía de ella lo antes posible. Podría haber dicho: «Por supuesto que entiendo que el cliente necesite el informe urgentemente. Veré qué puedo hacer para mejorarlo de inmediato».

Andy podría haber pasado un momento tratando de explicar los detalles de lo que estaba mal con el informe. Tal vez Roan necesitaba instrucciones más claras: «Sé que has trabajado mucho en el informe, pero no es lo que quiere el cliente. Quizá mis instrucciones no fueron claras. ¿Puedo ayudarte con información adicional?».

Demuestra que estás comprometido

Presta toda tu atención a la conversación. Haz preguntas abiertas para entender mejor las cosas.

Roan debería haber preguntado cómo podía mejorar el informe. Una pregunta como «Puede que necesite ayuda. ¿Podría darme más información para mejorar el informe? ¿Qué es lo que no le ha gustado del informe al cliente?» sirve para este propósito.

Prueba estos consejos en las próximas conversaciones que mantengas y verás cómo desarrollas relaciones personales con conexiones más profundas. Cuanto más activamente escuches, más te escucharán.

9

Cómo gestionar un conflicto con un compañero de trabajo

por Amy Gallo

Al principio de mi carrera acepté un trabajo a las órdenes de alguien que tenía fama de ser difícil. La llamaré Elise. Mucha gente me advirtió de que sería difícil trabajar con ella, pero yo pensaba que podría soportarlo. Me enorgullecía de poder llevarme bien con cualquiera. No dejaba que la gente se me metiera en la piel. Veía lo mejor de cada persona.

Dos meses más tarde, estaba lista para dejarlo.

Elise trabajaba muchos días y fines de semana, y esperaba que su equipo hiciera lo mismo. Sus suposiciones sobre lo que podía hacerse en un día eran totalmente irracionales. A menudo hacía un seguimiento a las 8:30 de la mañana de una petición que había hecho a las 6:00 de la tarde anterior. Despreciaba a mis compañeros delante de mí, cuestionando su ética laboral y su compromiso con la empresa. Revisaba los calendarios de sus compañeros y señalaba lo poco que habían hecho a pesar de tener un día sin reuniones.

Me prometí dejar de preocuparme tanto por cómo actuaba y tratarla con amabilidad. En una buena semana podía conseguirlo. Pero la mayoría de las veces esas nobles intenciones se esfumaban. En cuanto insinuaba que no trabajaba lo suficiente, apretaba los dientes, ponía los ojos en blanco a sus espaldas y me quejaba de ella a mis compañeros.

Este tipo de conflictos interpersonales —con jefes inseguros, colegas sabelotodos, compañeros pasivo-agresivos— son habituales en el trabajo, y es fácil verse atrapado en ellos. En un estudio, el 94 % de los encuestados afirmó haber trabajado con una persona «tóxica» en los cinco años anteriores. Otra encuesta, realizada a dos mil trabajadores estadounidenses, indicaba que su principal fuente de tensión en el trabajo eran las relaciones. Atrapados en estas dinámicas negativas, nos resulta difícil dar lo mejor de nosotros mismos o mejorar la situación. En su lugar, pasamos tiempo preocupándonos, reaccionamos de una forma lamentable que viola nuestros valores, evitamos a los compañeros difíciles y, a veces, incluso nos retiramos por completo del trabajo. Pero estas reacciones pueden tener consecuencias negativas, como una menor creatividad, una toma de decisiones más lenta y peor e incluso errores fatales. Por ejemplo, como escribió Christine Porath para el *New York Times*, en «una encuesta realizada a más de 4500 médicos, enfermeras y otro personal hospitalario, el 71 % relacionó el comportamiento perturbador, como la conducta personal abusiva, condescendiente o insultante, con errores médicos, y el 27 % relacionó ese comportamiento con la muerte de pacientes».

Ninguno de nosotros es perfecto cuando se trata de navegar por la complejidad de las relaciones humanas. Especialmente en momentos de estrés, o cuando nos sentimos amenazados, incluso los más veteranos en el lugar de trabajo pueden centrarse en el objetivo a corto plazo de proteger el ego o la reputación («tengo que ganar esta discusión o quedar bien ante mi equipo») en lugar del objetivo a largo plazo de comportarse de forma honorable y preservar el compañerismo.

¿Cómo podemos volver a ser los mejores? Tras haber estudiado la gestión y resolución de conflictos durante los últimos años, he esbozado siete estrategias que te ayudarán a trabajar más eficazmente con compañeros difíciles. No son balas de plata que transformarán por arte de magia a tu compañero problemático en tu mejor amigo, pero deberían hacer tus interacciones más tolerables, si no más positivas. Además, te ayudarán a desarrollar la resiliencia interpersonal para que te sientas menos estresado cuando te enfrentes a un conflicto y puedas recuperarte de él más rápidamente.

En pocas palabras

El desafío

Los conflictos interpersonales son habituales en el lugar de trabajo, y es fácil dejarse atrapar por ellos. Pero eso puede reducir la creatividad, ralentizar y empeorar la toma de decisiones, e incluso provocar errores fatales. Entonces, ¿cómo podemos volver a ser los mejores?

El camino que seguir

Siete principios pueden ayudarle a trabajar más eficazmente con colegas difíciles: (1) Comprende que su perspectiva no es la única posible; (2) Sé consciente de los prejuicios inconscientes que puedas albergar y cuestiónalos; (3) No veas el conflicto como un «yo contra ellos», sino como un problema que hay que resolver conjuntamente; (4) Comprende el resultado al que aspiras; (5) Sé muy prudente a la hora de hablar del tema con los demás; (6) Experimenta con cambios de comportamiento para averiguar qué puede mejorar la situación y (7) Mantén la curiosidad por la otra persona y explora cómo podéis trabajar juntos de forma más eficaz.

1. Recuerda que tu perspectiva es solo una entre muchas otras

Todos llegamos al lugar de trabajo con diferentes puntos de vista y valores. Podemos no estar de acuerdo en todo, desde si está bien llegar cinco minutos tarde a una reunión hasta las formas aceptables de interrumpir a un compañero o las consecuencias adecuadas para alguien que ha cometido un error. No es realista esperar que tu jefe, tus compañeros de equipo o tus subordinados estén siempre de acuerdo contigo.

Sin embargo, cuando surgen esas diferencias de opinión, la mayoría de nosotros creemos que estamos viendo la cuestión de forma objetiva y correcta, y que cualquiera que tenga otra opinión está desinformado, es irracional o tendencioso. Los psicólogos sociales denominan a esta tendencia «realismo ingenuo». Por ejemplo, en un estudio, los participantes a los que se pidió que dijeran el ritmo de una canción conocida, como *Cumpleaños feliz*, predijeron que los oyentes serían capaces de nombrar la melodía aproximadamente el 50 % de las veces. Estaban seguros de que a los demás les quedaría claro lo que intentaban transmitir. Pero solo acertaron el 2,5 % de las veces. Cuando estamos seguros de algo —ya sea nuestra capacidad para interpretar una canción o la solución al déficit presupuestario de este trimestre—, nos cuesta imaginar que los demás no lo vean igual.

Es importante reconocer y resistir esta reacción visceral. Desafía tu propia perspectiva haciéndote preguntas como: «¿Cómo sé que lo que creo es cierto? ¿Y si estoy equivocado? ¿Cómo cambiaría mi comportamiento? ¿Qué suposiciones he hecho? ¿Cómo vería las cosas alguien con valores y experiencias diferentes?». Las respuestas a esas preguntas importan menos que el ejercicio de planteárselas. Son una buena manera de recordarte que tu punto de vista es solo eso: tu punto de vista. No todo el mundo ve las cosas de la misma manera, y eso está bien.

De hecho, tus colegas y tú no tenéis por qué llegar a un consenso sobre «los hechos» de lo ocurrido o sobre quién tiene la culpa de un problema. En lugar de pasarte horas debatiendo qué interpretación es la correcta, céntrate en lo que debería ocurrir en el futuro.

2. Sé consciente de tus prejuicios

Los prejuicios se cuelan en todo tipo de interacciones en el lugar de trabajo. Un factor que suele descarrilar las relaciones entre compañeros es el error fundamental de atribución: la inclinación a suponer que el comportamiento de los demás tiene más que ver con su personalidad que con la situación, mientras uno cree lo contrario. Por ejemplo, puedes suponer que un compañero que llega tarde a una reunión es desorganizado o irrespetuoso en lugar de estar atrapado en el tráfico o atascado en otra reunión que se alargó. En cambio, cuando tú llegas tarde, te centras en las circunstancias que te han hecho llegar tarde.

Un atajo cognitivo relacionado que crea problemas es el sesgo de confirmación, o la tendencia a interpretar los acontecimientos o las pruebas como si demostraran la veracidad de las creencias existentes. Si la opinión que tienes de tu colega Andrew ya es negativa, es más probable que interpretes sus acciones como una prueba más de que no está a la altura de la tarea, de que no es amable o de que solo se preocupa de sí mismo, y cada vez le resultará más difícil demostrar que estás equivocado.

Incluso lo que consideramos un comportamiento difícil puede estar condicionado por los prejuicios que llevamos al lugar de trabajo. Al principio de mi carrera trabajé con una clienta —una mujer negra— cuyas ideas dudaba en cuestionar, aunque eso formaba parte de mi trabajo como consultora. Tenía miedo de provocar una reacción fuerte, a pesar de que ella nunca había levantado la voz en encuentros anteriores. Había caído en el estereotipo de la «mujer negra enfadada». Ahora sé que debo tener cuidado con el sesgo de afinidad, una tendencia inconsciente a alinearse con personas que son similares a nosotros en apariencia, creencias y antecedentes. Las investigaciones demuestran que, cuando los compañeros no son como nosotros —en términos de género, raza, etnia, educación, capacidades físicas o posición en el trabajo—, nos sentimos menos cómodos a su alrededor y, por tanto, es menos probable que queramos trabajar con ellos.

¿Cómo interrumpir esos prejuicios? En primer lugar, hazte una mejor idea de tu susceptibilidad a los prejuicios haciendo un cuestionario en línea como el del Proyecto Implícito, una organización sin ánimo de lucro creada por investigadores de Harvard, la Universidad de Washington y la Universidad de Virginia. Cuando tengas problemas con un compañero de trabajo, pregúntate: «¿Qué papel pueden estar desempeñando aquí mis prejuicios? ¿Es posible que no esté viendo la situación con claridad porque estoy haciendo suposiciones sobre esta persona, o no estoy dispuesto a reconsiderar mi impresión inicial, o me estoy centrando inconscientemente en nuestras diferencias?».

Haz de abogado del diablo y cuestiona tu propia interpretación de la situación. Aprendí el método de «darle la vuelta para probarlo» en una charla TEDx de Kristen Pressner, responsable mundial de recursos humanos de una multinacional: «Si tu colega fuera de otro sexo, raza u orientación sexual, o tuviera un lugar diferente en la jerarquía, ¿harías las mismas suposiciones? ¿Dirías las mismas cosas o tratarías a esa persona de la misma manera?».

Por último, pídele a alguien en quien confíes —y que te diga la verdad— que te ayude a reflexionar sobre las formas en que podrías estar viendo la situación injustamente.

3. No lo conviertas en «yo contra ellos»

En un desacuerdo es fácil pensar de forma polarizada: «yo contra ti», enemigos en guerra. Una persona está siendo difícil; la otra no. Una persona tiene razón y la otra no.

Para salir de ese modelo mental, imagina que no hay dos, sino tres entidades en la situación: tú, tu colega y la dinámica entre vosotros. Puede que esa tercera entidad sea algo específico: una decisión que debéis tomar juntos o una tarea que tenéis que completar. O puede que sea algo más general: una tensión o rivalidad constante entre vosotros o enfado por un proyecto que ha salido mal. En lugar de esforzarte por cambiar a tu colega, intenta avanzar en ese tercer aspecto.

Por ejemplo, André, que tenía problemas con su colega Emilia: cada vez que él proponía una nueva idea, ella elaboraba una lista de razones por las que nunca funcionaría. Durante mucho tiempo André la vio como contrincante. Cuando le pregunté cómo se imaginaba su dinámica, me dijo que veía una nube oscura sobre la cabeza de ella y un sol brillante sobre la suya. Pero esa visualización reforzaba su visión de la situación y le hacía prepararse para la batalla cada vez que hablaba con ella. Finalmente, decidió cambiar a un pensamiento menos antagónico. Empezó a imaginar el conflicto entre ellos como un balancín. Aunque se encontraban en extremos opuestos, quizá pudieran trabajar juntos para encontrar el equilibrio. Eso lo ayudó a verla como una colaboradora y no como una adversaria.

Nadie quiere tener una némesis en el trabajo. Así que piensa en los compañeros problemáticos como colegas con los que compartes un problema que hay que resolver.

4. Conoce tu objetivo

Para evitar dramas y centrarte en el trabajo, tienes que tener claros tus objetivos. ¿Quieres terminar un proyecto? ¿Construir una relación laboral sana que perdure en el futuro? ¿Sentirte menos enfadado o frustrado después de tus interacciones?

Haz una lista de tus objetivos (grandes y pequeños) y encierra en un círculo los más importantes. Tus intenciones determinarán —consciente y subconscientemente— cómo actúas. Por ejemplo, si tu objetivo es evitar enzarzarte en largas discusiones con un colega pesimista, tendrás que tomar medidas distintas de las que tomarías si tu objetivo fuera evitar que los comentarios negativos de esa persona hundan al equipo.

No pasa nada por fijarse metas bajas. A menudo basta con centrarse en tener una relación funcional, es decir, llegar a un punto en el que no se te erice la piel cuando el nombre de Ethan aparece en tu bandeja de entrada o en el que no pierdas el sueño por la noche porque Marjorie te esté haciendo la vida imposible. Los objetivos múltiples y más ambiciosos también están bien. Por ejemplo, si estás discutiendo con tu inseguro jefe sobre qué métricas presentar al equipo directivo, tus objetivos podrían ser: (1) elaborar estadísticas que a los dos os hagan sentir cómodos, (2) asegurarte de que el equipo directivo conoce tu experiencia y (3) encontrar la manera de evitar acalorados desacuerdos antes de las grandes reuniones del futuro.

Una vez que hayas decidido lo que quieres conseguir, escríbelo en un papel. Las investigaciones han demostrado que las personas que describen o imaginan vívidamente sus objetivos tienen entre 1,2 y 1,4 veces más probabilidades de alcanzarlos, y que los objetivos anotados a mano tienen más posibilidades de hacerse realidad. Consulta tus objetivos antes de interactuar con tu colega para no perder de vista el premio.

5. Evita las habladurías y los cotilleos en el lugar de trabajo

Es natural recurrir a los demás cuando algo no va bien en el trabajo. Puede que quieras confirmar que no estás malinterpretando un correo electrónico impreciso, pedir consejo para sacar adelante una iniciativa estancada o simplemente que te aseguren que eres una buena persona. Y si tu colega te dice: «Sí, Greta parece malhumorada. ¿Qué te pasa?», recibes una pequeña sacudida de alivio: No soy solo yo.

Ese tipo de conversación paralela, tanto si se produce digitalmente como en persona, puede considerarse un desahogo. Pero también se le puede llamar cotilleo. A pesar de su mala reputación, los estudios demuestran que los cotilleos pueden desempeñar un papel importante en la creación de vínculos con los compañeros de trabajo. Cuando te enteras de que Marina, de marketing, también encuentra difícil a Michael, de finanzas, y conoces a otros que piensan lo mismo, se fomenta un sentimiento de conexión. Esencialmente, has formado un grupo interno que tiene información que otros, especialmente Michael, no tienen. Y la validación de tu perspectiva por parte de Marina te da un subidón de adrenalina y dopamina.

Los estudios también han demostrado que los cotilleos pueden ser beneficiosos para disuadir a la gente de comportarse de forma egoísta. Si los compañeros difíciles se dan cuenta de que otros hablan mal de ellos y advierten a sus compañeros sobre la posibilidad de trabajar a su lado, es más probable que cambien de actitud.

Por supuesto, desahogarse y cotillear también entraña peligros. En primer lugar, aumentan el riesgo de sesgo de confirmación. Claro que Michael puede ser exasperante a veces, pero, una vez que tú y tus amigos del trabajo empezáis a hablar de ello, es más probable que interpretes sus futuras acciones de forma negativa. Los errores ocasionales se pintan como un rasgo inherente, y la historia de «Michael es difícil» se afianza. En segundo lugar, los cotilleos suelen perjudicar al cotilla. Aunque puede obtener la validación inmediata que busca, también puede ganarse la reputación de ser poco profesional o acabar etiquetado como «el difícil».

Es perfectamente legítimo buscar ayuda para ordenar tus sentimientos o para comprobar con otra persona que estás viendo las cosas con claridad. Pero elige bien con quién hablas (y qué compartes). Busca personas que sean constructivas, que piensen en lo mejor para ti, que cuestionen tu punto de vista cuando no estén de acuerdo y que puedan ser discretas.

6. Experimenta para encontrar lo que funciona

No hay una forma correcta de conseguir que un sabelotodo deje de ser condescendiente o que tu colega pasivo-agresivo te trate de una forma más clara. Las estrategias que elijas dependerán del contexto: quién eres tú, quién es la otra persona, la naturaleza de vuestra relación, las normas y la cultura de tu lugar de trabajo, etcétera.

Empieza por idear dos o tres métodos que quieras poner a prueba. A menudo, pequeñas acciones pueden tener un gran impacto. A continuación, diseña un experimento: determina qué vas a hacer de forma diferente, elige un período de tiempo para probarlo y comprueba cómo funciona. Por ejemplo, si quieres mejorar la comunicación con un compañero difícil, puedes decidir que durante dos semanas vas a ignorar el tono de esa persona y centrarte en el mensaje subyacente. No des por sentado que la táctica arreglará todo lo que va mal entre vosotros; considérala un experimento que te enseñará algo, aunque solo sea que el enfoque no funciona.

Sigue probando, ajustando y renovando los experimentos o abandonando los que no producen resultados. Por ejemplo, si has intentado solucionar la falta de seguimiento de un colega enviándole correos electrónicos después de la reunión que confirmen lo que todos han acordado hacer, pero la persona sigue sin cumplir sus promesas, no sigas enviándole correos electrónicos esperando resultados diferentes. Prueba otra cosa. Como explica la experta en conflictos Jennifer Goldman-Wetzler, tendrás que encontrar otra forma de «interrumpir el patrón de conflicto del pasado», a menudo haciendo algo que la otra persona no espera.

7. Ser y seguir siendo curioso

Salvador Minuchin, terapeuta argentino, escribió: «La certeza es enemiga del cambio». Al tratar con un compañero de trabajo negativo, es fácil pensar: «Siempre va a ser así» o «Esa persona nunca cambiará». Pero la resignación y el pesimismo no te llevarán a ninguna parte. En lugar de eso, adopta una mentalidad curiosa y mantén la esperanza de que tu relación problemática puede mejorar.

Los estudios demuestran que la curiosidad aporta numerosos beneficios: evita el sesgo de confirmación, previene los estereotipos y nos ayuda a abordar las situaciones difíciles no con agresividad (lucha) o actitud defensiva (huida), sino con creatividad. La clave está en pasar de sacar conclusiones a menudo poco halagüeñas a plantear preguntas auténticas. Cuando tu compañera Jada empiece a quejarse de que está haciendo más trabajo que nadie en el equipo, no pienses: «Ya estamos otra vez con la actitud de Jada». En lugar de eso, pregúntate: «¿Qué le pasa? Esto me resulta familiar, pero ¿qué me he perdido en el pasado? ¿Por qué actúa así?».

Intenta descubrir en ti mismo patrones de pensamiento improductivos; luego da un paso atrás y haz balance: «¿Quién se lleva bien con Jada y cómo interactúan entre ellos? ¿Ha habido momentos en los que Jada se ha mostrado más agradable y colaboradora? ¿Qué fue diferente en esas situaciones?».

Cuando te encuentres en una mala racha con alguien, piensa en ocasiones en el trabajo o en cualquier otro lugar en las que tú y otra persona no os llevasteis bien al principio pero fuisteis capaces de superarlo, y reflexiona sobre esas experiencias con curiosidad. ¿Cómo pudiste perseverar? ¿Qué te ayudó a llegar a una solución? Por último, considera exactamente lo que puedes ganar si alcanzas los objetivos que te has propuesto en una relación laboral. Proyecta el futuro. Si superas el conflicto, ¿qué será diferente? ¿Cómo mejorará tu vida laboral?

No puedes estar seguro de lo que os depara el futuro a ti y a tu colega, así que, en lugar de eso, sé curioso. Puede que te saque de una mentalidad que te impide descubrir una solución inesperada a tu problema.

Independientemente del tipo de colega difícil con el que estés tratando o de lo que decidas hacer a continuación, estas siete estrategias pueden mejorar tus probabilidades de responder de forma productiva, establecer límites adecuados y construir colaboraciones más sólidas y satisfactorias en el trabajo. A veces el cambio no es posible, en cuyo caso tendrás que cortar por lo sano y centrarte en proteger tu carrera y tu bienestar. Pero he descubierto que, con esfuerzos de buena fe y trabajo duro, incluso algunos de los conflictos interpersonales más complicados pueden resolverse.

10

Coaching para el cambio

por Richard E. Boyatzis, Melvin Smith
y Ellen Van Oosten

Cambiar es difícil. Pregunta a cualquiera que haya intentado cambiar de profesión, desarrollar una nueva habilidad, mejorar una relación o dejar un mal hábito. Sin embargo, para la mayoría de las personas el cambio será necesario en algún momento, un paso fundamental para desarrollar su potencial y alcanzar sus objetivos, tanto en el trabajo como en casa. Necesitarán apoyo en este proceso. Necesitarán un coach.

Ahí es donde entras tú. Ya seas jefe o colega, amigo o cónyuge, introvertido o extrovertido, emocional o analítico, estés en lo más alto o en lo más bajo del organigrama, puedes aprender a facilitar cambios que mejoren la vida de los que te rodean.

Los tres trabajamos como coaches profesionales de ejecutivos en diversas etapas profesionales, funciones, industrias y países. También hemos pasado las dos últimas décadas investigando cómo funciona el coaching y formando a otros para que lo hagan. Hemos llevado a cabo docenas de estudios longitudinales y experimentos de campo para identificar estrategias basadas en pruebas, y las compartimos aquí para garantizar que más personas estén preparadas para ayudar a otros a convertirse en lo mejor de sí mismos.

En 1970, uno de nosotros (Richard) desarrolló una teoría del cambio intencionado que se ha convertido en canon de la psicología y la ciencia de la gestión. El cambio intencionado implica imaginar el yo ideal (quién quieres ser y qué quieres hacer en tu trabajo y en tu vida); explorar el yo real (las lagunas que necesitas llenar y los puntos fuertes que te ayudarán a hacerlo); desarrollar una agenda de aprendizaje (una hoja de ruta para convertir las aspiraciones en realidad), y luego experimentar y practicar (con nuevos comportamientos y roles).

Los buenos entrenadores ayudan a las personas en este proceso. Fíjate en que hemos utilizado la palabra «ayudar», no «guiar», «dirigir«, «empujar» o «tirar». No estás ahí para decirle a nadie lo que tiene que hacer. Estás ahí para hacer buenas preguntas y escuchar atentamente, ofrecer compasión, explorar la visión individual de una persona y construir una relación afectuosa. Tu trabajo consiste en ayudar a otra persona a cambiar, y la forma en que lo haces es importante. Estás ahí para ayudar a detectar la oportunidad de aprendizaje, sentar las bases y llevar las cosas hasta el final. Este marco te permitirá ayudar a las personas con retos que van desde muy grandes («Estoy insatisfecho con mi carrera») a relativamente pequeños («Me gustaría interactuar con los demás de forma diferente»). Funciona así.

Detectar la oportunidad

Si prestas atención, empezarás a encontrar lo que llamamos «momentos de coaching» —oportunidades para ayudar a las personas en su desarrollo— en todas partes. A veces las personas son conscientes de que necesitan cambiar de marcha: el reto es evidente. Consiguen un ascenso, se les asigna la dirección de un proyecto importante o reciben algún tipo de información que les indica que deben modificar su enfoque. En otros casos, reciben una llamada de atención: pierden su trabajo en el último recorte de plantilla, reciben un diagnóstico alarmante o cumplen años. Pero a menudo solo tienen una vaga sensación o una ligera idea de que las cosas no van bien en sus vidas.

Veamos las experiencias de dos ejecutivos. La primera, Karen Milley, era directora de I+D en una gran empresa de bienes de consumo y supervisaba a sesenta ingenieros y científicos. Como líder, era impulsiva y directa. Se centraba en resolver problemas inmediatos y

En pocas palabras

El potencial

Ya seas jefe, colega o amigo, puedes ayudar a las personas que te rodean a realizar cambios importantes que mejoren su vida. Pero la forma de hacerlo no es fijándoles objetivos y solucionando sus problemas, sino orientándolas con compasión, un enfoque que implica centrarse en sus sueños y en cómo podrían alcanzarlos.

El camino que seguir

En lugar de dar consejos, un buen coach hará preguntas exploratorias y abiertas y escuchará con verdadera atención y preocupación. La idea es que los coaches imaginen un yo ideal (quiénes desean ser y qué desean hacer), exploren su yo real (no solo las lagunas que necesitan cubrir, sino también los puntos fuertes que les ayudarán a hacerlo), establezcan una agenda de aprendizaje y, a continuación, experimenten y practiquen nuevos comportamientos y roles. El coach está ahí para ayudar a las personas a detectar sus oportunidades de aprendizaje, sentar las bases para lograr el cambio y llevar a cabo las cosas.

obtenía resultados. Pero, cuando su jefe le pidió que se inscribiera en un programa corporativo de desarrollo del liderazgo, empezó a preguntarse si su estilo transaccional y directo le estaba ayudando realmente a obtener el mejor rendimiento de su equipo.

El segundo ejecutivo, Ray Lewis, era director de cuentas corporativas en la empresa de su familia, un servicio de respuesta a emergencias medioambientales, y estaba en camino de suceder a su padre como presidente. Incluso se había matriculado en un curso de MBA ejecutivo para perfeccionar sus dotes de liderazgo. Pero cada vez se sentía más inquieto.

En ambos casos, la oportunidad de aprendizaje estaba clara. Milley era una directiva destacada que esperaba llegar a la dirección ejecutiva, pero aun no había desarrollado un estilo de liderazgo inspirador. Lewis nunca había pensado ni decidido cuál era su trayectoria profesional ideal. Se había limitado a seguir el camino que le habían trazado, y, si le preguntabas por la posibilidad de tomar el relevo de su padre, se notaba su falta de entusiasmo genuino. Necesitaba descubrir la pasión por su trabajo.

Fundamentalmente, Milley y Lewis también estaban deseosos de crecer. Ambos estaban dispuestos por fin a contemplar un aspecto importante de sus vidas de formas nuevas o diferentes. Cuando te plantees si invertir en el coaching de alguien, tienes que preguntarte: ¿esta persona está abierta al cambio? ¿Está dispuesta a participar en la reflexión y la experimentación necesarias para lograrlo? Las investigaciones de Bruce Avolio, de la Foster School of Business de la Universidad de Washington, y de Sean Hannah, de la Universidad Wake Forest, demuestran que es útil que las empresas evalúen y, en ocasiones, mejoren la preparación de los empleados que han elegido para el desarrollo del liderazgo; de lo contrario, no será tan eficaz.

Sentar las bases

Numerosos estudios han demostrado que las personas tienden a conseguir más, de forma más sostenible, cuando se encuentran en un estado positivo tanto psicológica como físicamente. ¿Cómo se puede conseguir que alguien tenga la mentalidad adecuada? Entrenando con compasión. Empiezas mostrando interés y preocupación genuinos por la otra persona para que los dos podáis construir lo que llamamos una «relación resonante». También hay que mostrar curiosidad: plantear preguntas exploratorias y abiertas, diseñadas para ayudar a la persona a hacer realidad su visión personal, que se convierte en el contexto de vuestro trabajo conjunto.

Por desgracia, cuando nos enfrentamos a un momento de coaching, la mayoría de nosotros tendemos a hacer lo contrario. Profundizamos en el problema y luego ofrecemos consejos y soluciones. Como dijo una vez un ingeniero reconvertido en ejecutivo de marketing que conocemos: «Cuando la gente viene a mí con un problema, yo veo el problema, no a la persona. En realidad, veo a las personas como plataformas portadoras de problemas». Esto es coaching para el cumplimiento, y puede ser eficaz para ayudar a alguien a alcanzar un objetivo específico predeterminado, como conseguir un ascenso. Pero cuando se trata de objetivos de comportamiento más amplios, como convertirse en un líder dinámico o un gran oyente o encontrar un mejor equilibrio entre la vida laboral y personal, esta estrategia tiene menos éxito. De hecho, como han demostrado nuestros estudios y otras investigaciones, puede desencadenar una respuesta de estrés que obstaculice el progreso en lugar de ayudarlo.

En un trabajo con nuestro colega de la Case Western Reserve University Anthony Jack, por ejemplo, descubrimos que los estudiantes que recibían coaching para el cumplimiento —con énfasis en los objetivos y en los retos que debían superar— se sentían «culpables y cohibidos». En cambio, el coaching que se centraba en los sueños personales y en cómo alcanzarlos provocaba emociones positivas y los sujetos del estudio lo consideraban «inspirador y afectuoso». Y, lo que es más, nuestros estudios de neuroimagen mostraron que ayudaba a activar áreas de sus cerebros asociadas con la apertura a nuevas ideas, el cambio y el aprendizaje.

El coaching compasivo continúa con el descubrimiento del yo ideal: conseguir que la persona a la que estás ayudando te hable de sus valores, pasiones, identidad y esperanzas de futuro. Para ello, debes dejar de lado tus propios prejuicios, suposiciones y experiencia, y dedicarte a lo que Ed Schein, profesor del MIT, denominó «indagación humilde». Debes demostrar un interés sincero por la persona, transmitir empatía por su situación, comunicar tu profundo deseo de ayudar y dejar que sea ella quien hable al menos en un 80 %.

Por ejemplo, podrías preguntarle a Milley: «¿Quién eres en tu mejor momento? ¿Qué tipo de líder quiere ser? ¿Cómo quieres que te vean los demás en la organización? ¿Qué aspecto tiene el éxito para ti? ¿Qué puesto quieres alcanzar en última instancia?». Podrías preguntarle a Lewis: «¿Qué tipo de trabajo te atrae más? ¿Qué te da más energía y entusiasmo cuando piensas en tu futuro? ¿Qué quieres hacer realmente y en qué se diferencia de lo que crees que deberías hacer? Dentro de veinte años, ¿qué te gustaría decir que has conseguido?». (Y la mejor última pregunta es siempre: «¿Qué otras ideas se te ocurren al pensar en esto?)».

Angela Passarelli, profesora del College of Charleston, ha comparado los resultados de una experiencia de coaching centrada en esta visión de un futuro positivo con los de un coaching que se centra en la promoción profesional y anima a las personas a resolver sus problemas actuales. Descubrió que los participantes que experimentaron el primer tipo de coaching se sentían más felices, expresaban aspiraciones más elevadas, estaban dispuestos a esforzarse mucho más por alcanzar sus objetivos y encontraban más alegría al hacerlo.

Aconsejamos a todas las personas a las que entrenamos que culminen las conversaciones sobre el yo ideal que hemos mantenido —que suelen implicar varias conversaciones— elaborando una declaración de visión personal. (Dewitt Jones, un destacado formador de empresas, llega a pedir que se reduzca a una frase corta de unas seis palabras y que luego se memorice y repita como un mantra diario). Esta práctica mantiene a las personas centradas en su deseo de cambiar, más que en su obligación de hacerlo. La declaración de visión personal de Milley era «Vivir libremente, con buena salud, con integridad, en un futuro lleno de amor y esperanza». La de Lewis era: «Disfrutar de la libertad de viajar por el mundo, conocer gente interesante y llevar una vida de aprendizaje excitante y llena de pasión».

A continuación, debes guiar a la persona a la que asesoras hacia una evaluación precisa de su verdadero yo. No se trata solo de enumerar los puntos fuertes y débiles. Y, desde luego, no consiste en destacar los aspectos en los que la persona necesita mejorar. El profesor Babson Scott Taylor, que lleva décadas estudiando el autoconocimiento, sugiere que tiene dos componentes: lo que la gente sabe de sí misma y su comprensión de cómo los demás la perciben y piensan de ella. Se trata de identificar las áreas en las que las percepciones del coach difieren de las de los demás y, lo que es aún más importante, en las que su yo ideal y su yo real están o no alineados.

Los comentarios formales o informales de 360 grados pueden ser útiles en este caso. También pueden serlo las preguntas adicionales que no sean capciosas ni prejuiciosas, especialmente las que se centran en las mejores cualidades de la persona y en cómo pueden aprovecharse. Incluso cuando se discuten áreas de desarrollo, es importante mantener a las personas que reciben el coaching en un estado emocional positivo. Como Andrew Carnegie dijo una vez: «Los hombres se desarrollan de la misma manera que se extrae el oro. Cuando se extrae oro, hay que mover varias toneladas de tierra para obtener una onza de oro, pero uno no entra en la mina buscando tierra, sino oro».

Recomendamos plasmar este trabajo en un «balance personal». Al elaborarlo, las personas deben tener en cuenta no solo sus puntos fuertes y débiles actuales, sino también sus cualidades más distintivas y sus características más duraderas: sus rasgos, hábitos y competencias que se han mantenido estables a lo largo del tiempo. Esto les permite aclarar tanto lo que va bien como lo que podría ser necesario cambiar en relación con su visión a largo plazo. Milley se dio cuenta de que, aunque era excelente manteniendo la compostura en momentos difíciles y leyendo la dinámica de poder en toda la organización, no estaba demostrando adecuadamente el cariño y la empatía que sentía genuinamente por los demás. Lewis se dio cuenta de que su punto fuerte era ser visionario y adaptarse fácilmente a diversos entornos, y que no quería seguir subordinando sus propios sueños a las obligaciones percibidas y a las expectativas de los demás.

A continuación viene la agenda de aprendizaje. ¿Cómo, exactamente, la persona a la que estás entrenando pasará del punto A al punto B? Una vez más, abogamos por centrarse en los puntos fuertes, las pasiones y los valores existentes. Pregunta cómo pueden utilizarse los conocimientos, las habilidades y los rasgos que la persona ya posee para colmar las lagunas existentes, y qué cambio de comportamiento le gustaría más probar.

La agenda de aprendizaje no es un plan de mejora del rendimiento diseñado para abordar las deficiencias; estas se sienten como trabajo e inhiben el proceso de desarrollo. La idea es que la gente se sienta motivada y con fuerzas para mejorar. Milley decidió que quería ser más entrenadora y menos comandante, y ser más consciente de las emociones y de los demás. Las prioridades de Lewis incluían integrar más plenamente sus pasiones personales con sus objetivos profesionales, desarrollar relaciones más sólidas con personas clave dentro y fuera de la empresa y dedicar tiempo a reflexionar sobre lo que era más importante para él en la vida. Eso incluía actividades como senderismo, artes marciales y otros deportes; trabajo con grupos juveniles; comidas y reuniones con amigos, familiares y compañeros de trabajo, y ocasionales descansos prolongados fuera de casa y de la oficina.

Ver bien las cosas

Cualquier cambio requiere tiempo y energía. Incluso los planes mejor trazados a veces fracasan o tardan en dar resultado. Según un estudio de Phillippa Lally y sus colegas del University College de Londres, se tarda entre 18 y 254 días en crear un nuevo hábito. El desarrollo de habilidades, la gestión de relaciones y el cambio de carrera requieren un compromiso aún mayor, con muchas paradas y arranques.

Por eso, gran parte del trabajo de un coach consiste en mantener a las personas progresando en la dirección correcta, experimentando con nuevos comportamientos, probando diferentes tácticas y practicando y perfeccionando las que resulten más eficaces.

Centrada en sus objetivos de aprendizaje, Milley se reunía periódicamente con su coach para revisar sus progresos. Trabajó para salir de su modo siempre ocupado de resolver problemas y ser más accesible, amable y juguetona con su equipo. Se comprometió a pasar más tiempo con sus subordinados directos para comprender mejor sus experiencias y pronto estableció relaciones más auténticas.

Lewis y su coach también siguieron reuniéndose periódicamente para revisar sus progresos y discutir ciertos temas pendientes. Pero tuvieron que pasar unas largas vacaciones en el extranjero —es decir, el tiempo de profunda reflexión que Lewis había deseado profundamente— para que las cosas por fin encajaran. No mucho después, dejó el negocio familiar y fundó su propia empresa de éxito.

La tarea de aprender, crecer y cambiar la identidad y los hábitos personales no es un acto en solitario. Es tan difícil que las personas a las que acompañes necesitarán un apoyo continuado, no solo tuyo, sino también de un amplio círculo de personas. Kathy Kram, profesora emérita de la Questrom School of Business de la Universidad de Boston, y Monica Higgins, de la Graduate School of Education de la Universidad de Harvard, llaman a este círculo «una red de desarrollo». Recomendamos que los coaches creen un consejo personal de asesores formado por modelos de conducta a los que aspiran. La idea es identificar a un grupo de personas que tengan interés en el éxito final del individuo y puedan servir como fuentes de inspiración y, a veces, incluso de rendición de cuentas.

Si eres el líder de un equipo, el coaching entre iguales es otra opción poderosa. Si formas a otros en el marco del cambio intencionado, pueden actuar como catalizadores compasivos, acompañando a sus colegas en la transformación que han iniciado y quizás incluso ayudándolos a identificar y emprender la siguiente. Hemos comprobado que las relaciones individuales entre compañeros funcionan bien, pero también lo hacen los grupos pequeños de cinco a doce compañeros.

Cuando Carlos De Barnola, entonces director de RR. HH. de la división ibérica de Covidien, introdujo el coaching entre iguales en su empresa, pidió a cada persona que eligiera una pareja con un compañero de equipo y hablara, con uno de nosotros tres en la sala, para ayudar a facilitar la conversación. Muy pronto, la gente empezó a mostrar más interés, a hacer buenas preguntas y a establecer relaciones reales y de confianza. Al cabo de un rato, Barnola les dijo que buscaran otra pareja. Formaron cuartetos, y pronto nosotros, los profesionales, pudimos retirarnos por completo mientras continuaba el coaching.

Si eres directivo, tu trabajo más importante es ayudar a los que te rodean a alcanzar su máximo potencial. Karen Milley y Ray Lewis, que han sido entrenados por ellos mismos, aportan ahora lo que han aprendido a sus equipos. «Hoy doy permiso a la gente para que se plantee dos o tres escenarios de un posible futuro, y les aseguro que descubriremos el camino que sea mejor para ellos —dice Milley—. Estoy viendo que la compasión entre nosotros lleva a la compasión con los clientes, los integrantes del equipo y todos los demás, lo que genera rendimiento».

Estamos de acuerdo: Cuando se entrena con compasión, esta se contagia.

11

La ciencia de una redacción de negocios sólida

por Bill Birchard

Una escritura fuerte es esencial para cualquier empresario. La necesitas para comunicarte eficazmente con colegas, empleados y jefes, y para vender cualquier idea, producto o servicio que ofrezcas.

Mucha gente, sobre todo en el mundo empresarial, piensa que escribir bien es un arte y que quienes lo hacen bien tienen un talento innato que han cultivado a través de la experiencia, la intuición y el hábito de leer a menudo y ampliamente. Pero cada día aprendemos más sobre la ciencia de la buena escritura. Los avances en neurobiología y psicología muestran, con datos e imágenes, cómo responde exactamente el cerebro a las palabras, las frases y las historias. Y los criterios para escribir mejor son más objetivos de lo que se cree.

La buena escritura hace fluir la dopamina del lector en la zona del cerebro conocida como circuito de recompensa. La buena escritura libera opiáceos que activan los puntos calientes de la recompensa. Al igual que la buena comida, un baño relajante o un abrazo envolvente, la prosa bien ejecutada nos lleva a sentir placer, lo que hace que queramos seguir leyendo.

La mayoría de las reglas que aprendiste en la escuela («Muestra, no digas» o «Usa la voz activa») siguen siendo válidas. Pero ahora están más claras las razones. Los científicos que utilizan resonancias magnéticas y tomografías por emisión de positrones pueden ver literalmente cómo se iluminan las regiones de recompensa agrupadas en el mesencéfalo cuando las personas leen determinados tipos de escritos o los oyen en voz alta. Cada palabra, frase o idea actúa como un estímulo, haciendo que el cerebro responda instantáneamente a una serie de preguntas: «¿Esto promete valor? ¿Me gustará? ¿Puedo aprender de ello?».

Kent Berridge, psicólogo y neurocientífico pionero de la Universidad de Michigan, señala que, en un principio, los investigadores creían que el circuito de recompensa gestionaba en gran medida las señales sensoriales. Pero explica que «en los últimos 50 años ha quedado claro, gracias a los estudios de neuroimagen, que todo tipo de recompensas sociales y culturales también pueden activar este sistema».

Tanto si se trata de una declaración sucinta en un correo electrónico como de un argumento complejo en un informe, tu propia escritura tiene el potencial de iluminar los circuitos neuronales del cerebro de tus lectores. (La magia se produce cuando la prosa tiene una o varias de estas características: es sencilla, específica, sorprendente, conmovedora, seductora, inteligente, social o basada en una historia). En mi trabajo como autora y coach de escritura para empresarios, he descubierto que esas ocho reglas son el sello distintivo de la mejor escritura. Y las pruebas científicas respaldan su poder.

Simplicidad

«Hazlo sencillo». Este consejo clásico para escribir se basa en las investigaciones neurocientíficas más básicas. La sencillez aumenta lo que los científicos llaman la «fluidez de procesamiento» del cerebro. Las frases cortas, las palabras familiares y una sintaxis clara garantizan que el lector no tenga que esforzar demasiado su cerebro para entender lo que quiere decir.

Por el contrario, los estudios han demostrado que las frases con cláusulas anidadas en medio tardan más en leerse y provocan más errores de comprensión. Lo mismo ocurre con la mayoría de las frases en voz pasiva. Si, por ejemplo, escribes: «Los beneficios son adorados por

En pocas palabras

La investigación

Los escáneres cerebrales nos muestran con nuevos detalles qué es exactamente lo que atrae a los lectores. Los científicos observan cómo un grupo de neuronas del mesencéfalo —el «circuito de recompensa»— se ilumina cuando las personas responden a cualquier cosa, desde una simple metáfora hasta un giro inesperado de la historia. ¿Cuál es la conclusión? Tanto si estás redactando un correo electrónico para un colega como un informe importante para la junta directiva, puedes escribir de forma que los lectores se deleiten a un nivel primario, liberando sustancias químicas de placer en sus cerebros.

Cómo hacerlo

Hay ocho características de la escritura satisfactoria: sencillez, especificidad, sorpresa, lenguaje conmovedor, seducción, ideas inteligentes, contenido social y narración. Son herramientas eficaces para atraer a los lectores porque desencadenan las mismas respuestas neuronales que otros estímulos placenteros. Aprender a utilizar estas ocho características puede cautivar a los lectores y ayudar a que su mensaje cale hondo.

los inversores» en lugar de «Los inversores adoran los beneficios», estás cambiando las posiciones estándar es del verbo y del objeto directo. Eso puede reducir la precisión de la comprensión en un 10 % y tardar una décima de segundo más en leerse.

Tsuyoshi Okuhara, de la Universidad de Tokio, y sus colegas pidieron a 400 personas de entre 40 y 69 años que leyeran sobre cómo hacer ejercicio para mejorar la salud. La mitad del grupo recibió material prolijo y algo técnico. La otra mitad recibió una edición fácil de leer del mismo contenido. El grupo que leyó la versión sencilla —con palabras y frases más cortas, entre otras cosas— obtuvo una puntuación más alta en autoeficacia: expresaron más confianza en tener éxito.

Aún más digno de mención: los seres humanos aprendemos por experiencia que las explicaciones más sencillas no siempre son correctas, pero suelen serlo. Andrey Kolmogorov, matemático ruso, demostró hace décadas que la gente deduce que los patrones más simples dan mejores predicciones, explicaciones y decisiones. Eso significa que eres más persuasivo cuando reduces las ideas recargadas a su estado desnudo.

Reducir las palabras superfluas y utilizar la voz activa son dos formas de simplificar. Otra táctica consiste en centrarse en lo realmente importante y prescindir de detalles tangenciales. Supongamos que has investigado los mercados cruzados y estás recomendando opciones en un memorándum a los altos directivos. En lugar de exponer todos los pros y los contras de cada mercado —es decir, adoptar un enfoque exhaustivo—, tal vez debas limitarte a las dos principales perspectivas e identificar sus principales ventajas y desventajas.

Especificidad

Lo específico despierta una serie de circuitos cerebrales. Piensa en «pelícano» frente a «pájaro». O «barrer» frente a «limpiar». En un estudio, las palabras más específicas de esos pares activaron más neuronas en las partes visual y motora del cerebro que las generales, lo que significa que hicieron que el cerebro procesara el significado de forma más sólida.

Hace años, los científicos pensaban que nuestro cerebro descodificaba las palabras como símbolos. Ahora entendemos que nuestras neuronas en realidad «encarnan» lo que significan las palabras: cuando oímos otras más específicas, «saboreamos», «sentimos» y «vemos» rastros de lo real.

Sorprendentemente, la simulación puede extenderse también a nuestros músculos. Cuando un equipo dirigido por un investigador italiano, Marco Tettamanti, pidió a un grupo de personas que escucharan frases relacionadas con la boca, la mano y la pierna («Muerdo una manzana»; «Agarro un cuchillo»; «Doy una patada al balón»), se dispararon las regiones cerebrales encargadas de mover la mandíbula, las manos y las piernas.

Utilizar un lenguaje más vivo y palpable recompensará a tus lectores. En una carta reciente a los accionistas, Jeff Bezos, CEO de Amazon, no dijo: «Nos enfrentamos a una fuerte competencia». Canalizando la investigación de Tettamanti, escribió: «Los vendedores de terceros están pateando nuestro trasero de primeros. Y mucho».

Otra táctica de especificidad consiste en dar a los lectores una frase taquigráfica memorable que los ayude a retener el mensaje. Malcolm Gladwell acuñó «el punto de inflexión». Los gurús de la gestión W. Chan Kim y Renée Mauborgne idearon la «estrategia del océano azul»; el ensayista Nassim Nicholas Taleb, el «acontecimiento del cisne negro».

Sorpresa

Nuestros cerebros están programados para hacer predicciones sin parar, como adivinar la siguiente palabra en cada línea de texto. Si lo que escribes confirma la suposición del lector, no pasa nada, aunque posiblemente sea un bostezo. La sorpresa puede hacer que el mensaje cale, ayudando a los lectores a aprender y retener la información.

Jean-Louis Dessalles, investigador en inteligencia artificial y ciencia cognitiva de Télécom París, realizó un experimento que demostró la afinidad de la gente por lo inesperado. Pidió a los participantes que leyeran relatos cortos e inacabados y que consideraran diferentes finales posibles para cada uno de ellos. Por ejemplo, una historia decía: «Dos semanas después de que me robaran el coche, la Policía me informó de que un coche que podría ser el mío estaba a la venta en Internet... Se había identificado el número de teléfono. Era el número de teléfono móvil de...». Las opciones eran (a) mi compañero de oficina, (b) un compañero de mi hermano o (c) alguien de mi barrio. En 17 de las 18 historias, la gran mayoría de la gente prefería el final más inesperado (en este ejemplo, el colega de trabajo). No querían una historia que cumpliera sus predicciones.

Así que recompensa a tus lectores con novedades. Jonah Berger y Katherine Milkman, de la Wharton School, comprobaron el impacto de los contenidos sorprendentes cuando examinaron casi siete mil artículos aparecidos en línea en el New York Times. Descubrieron que los considerados sorprendentes tenían un 14% más de probabilidades de figurar en la lista de los más compartidos del periódico.

Los lectores también aprecian los juegos de palabras inusuales. Un buen ejemplo es la caracterización de John McPhee de la Segunda

Guerra Mundial como una «piñata tecnológica». O considera cómo un conglomerado con sede en Texas se describió a sí mismo en su carta a los accionistas de 2016: «Piensen en Biglari Holdings como un museo de empresas. Nuestra preferencia es coleccionar obras maestras».

Lenguaje conmovedor

Puede que pienses que tienes más posibilidades de persuadir con la lógica, pero no. Nuestro cerebro procesa las connotaciones emocionales de una palabra a los 200 milisegundos de leerla, mucho más rápido de lo que entendemos su significado. Por eso, cuando leemos material cargado de emociones, reaccionamos reflexivamente con sentimientos —miedo, alegría, asombro, repugnancia, etc.— porque nuestro cerebro ha sido entrenado desde la época de los cazadores-recolectores para responder así. Después viene la razón. Entonces combinamos el sentimiento inmediato y el pensamiento subsiguiente para crear significado.

¿Somos sensibles a las emociones? Los experimentos demuestran que, cuando oímos una lista de palabras, a menudo pasamos por alto algunas como consecuencia de los «parpadeos atencionales» causados por los límites de nuestra capacidad de procesamiento cerebral. Pero no pasamos por alto las palabras emocionalmente significativas. Con ellas no hay parpadeos.

Por eso, cuando escribas tu próxima nota, piensa en inyectar palabras que combinen sentimiento y pensamiento. En lugar de decir: «Desafía a la competencia», podrías usar: «Burla a los rivales». En lugar de: «Promueve la innovación», prueba con: «Premia el ingenio». La metáfora suele funcionar aún mejor. Los investigadores canadienses Andrea Bowes y Albert Katz pusieron a prueba frases relativamente anodinas como «¡Qué idea tan buena!» y «Cuidado con lo que dices» frente a expresiones más evocadoras como «¡Qué joya de idea!» y «Vigila tu espalda». Los lectores reaccionaron mejor a estas últimas.

Un pequeño toque puede activar los circuitos neuronales de la emoción. Así que, antes de empezar a redactar, ten claros tus sentimientos y los hechos. El celo por el mensaje se hará notar. Y, si expresas tu emoción, los lectores la sentirán.

Seducción

Como seres humanos, estamos programados para saborear la anticipación. Un famoso estudio demostró que la gente suele ser más feliz planeando unas vacaciones que después de haberlas tomado. Los científicos llaman a esta recompensa «utilidad anticipatoria». Se puede generar el mismo tipo de emoción al estructurar la escritura. En experimentos con poesía, los investigadores descubrieron que los circuitos de recompensa de los lectores alcanzaban su punto álgido varios segundos antes de los momentos culminantes de los versos y de las estrofas más enfáticas. Las imágenes cerebrales muestran picos preventivos de placer incluso en lectores sin interés previo por la poesía.

Puedes generar una reacción similar despertando la curiosidad de la gente por lo que está por venir. Steve Jobs lo hizo en su famoso discurso de graduación «Cómo vivir antes de morir» ante la promoción de 2005 de la Universidad de Stanford. «Nunca me gradué en la universidad —empezó—. A decir verdad, esto es lo más cerca que he estado nunca de una graduación universitaria. Hoy quiero contaros tres historias de mi vida. Nada más. Nada del otro mundo. Solo tres historias». ¿Estás sentado al borde de tu asiento para escuchar cuáles son las tres historias?

Así que empieza un informe con una pregunta. Plantea el problema de tu cliente como un enigma. Ofrece su trabajo de desarrollo de productos como la resolución de un misterio. Pon a los lectores en un estado de incertidumbre para poder guiarlos hacia algo mejor.

Pensamiento inteligente

Hacer que la gente se sienta inteligente —dándoles un momento «ajá»— es otra forma de complacer a los lectores. Para demostrar cómo activan el cerebro estos repentinos «chasquidos» de perspicacia, los investigadores han pedido a personas que lean tres palabras (por ejemplo, «casa», «corteza» y «manzana») y luego identifiquen una cuarta palabra relacionada con las tres, mientras máquinas de resonancia magnética y electroencefalogramas registran su actividad cerebral. Cuando los participantes en el estudio llegan a una solución («árbol»), las regiones cerebrales cercanas a la sien derecha se iluminan, al igual que partes del circuito de recompensa en el córtex prefrontal y el mesencéfalo. El deleite de los lectores es visible. La investigación psicológica también revela cómo se sienten las personas después de esos momentos: tranquilas, seguras y, sobre todo, felices.

¿Cómo puedes escribir para crear un momento «ajá» en tus lectores? Una forma es establecer nuevas distinciones. Ginni Rometty, ex-CEO de IBM, ofreció una con esta descripción del futuro: «No será un mundo de hombre contra máquina; será un mundo de hombre más máquina».

Otra estrategia consiste en formular un mensaje pragmático de modo que también evoque una verdad perenne y universal. El difunto Max De Pree, fundador y CEO de la empresa de mobiliario de oficina Herman Miller, tenía un don para dirigirse a los empleados de esta manera. En *El liderazgo es un arte* escribió: «La primera responsabilidad de un líder es definir la realidad. La última es dar las gracias. Entre ambas, el líder debe convertirse en servidor y deudor». Es una sabiduría no solo para directivos de empresa, sino para padres, profesores, coaches... para cualquiera que desempeñe un papel de guía.

Contenido social

Nuestros cerebros están programados para buscar la conexión humana, incluso en lo que leemos. Consideremos un estudio sobre las respuestas de los lectores a distintos tipos de fragmentos literarios: algunos con descripciones vívidas de personas o sus pensamientos, y otros sin ese enfoque. Los pasajes que incluían personas activaban las áreas del cerebro de los participantes que interpretan las señales sociales, lo que a su vez activaba sus circuitos de recompensa.

Pero no solo queremos leer sobre la gente: queremos entender lo que piensa lo antes posible. Un estudio dirigido por Frank Van Overwalle, neurocientífico social de la Universidad Libre de Bruselas, descubrió que los lectores deducen los objetivos de las personas sobre las que leen en menos de 350 milisegundos y disciernen sus rasgos de carácter en 650 milisegundos.

Una forma de ayudar a los lectores a conectar contigo y con tus escritos es revelando más rastros de ti mismo en ellos. Piensa en la voz, la visión del mundo, el vocabulario, el ingenio, la sintaxis, el ritmo poético, la sensibilidad. Tomemos como ejemplo los discursos y las cartas del presidente de Berkshire Hathaway, Warren Buffett. Sus *bon mots* incluyen: «Alguien está sentado a la sombra hoy porque alguien plantó un árbol hace mucho tiempo», «Solo cuando baja la marea descubres quién ha estado nadando desnudo» y «Cuidado con los frikis que llevan fórmulas».

Recuerda también incluir el aspecto humano en cualquier tema que trates. Por ejemplo, cuando quieras hablar de un contratiempo en la cadena de suministro, no plantees el problema como una «desconexión de los transportistas». En lugar de eso, escribe sobre las señales contradictorias entre el conductor y el expedidor.

Otro truco sencillo para atraer a los lectores es utilizar la segunda persona («tú»), como he hecho a lo largo de este artículo. Esto puede ser especialmente útil cuando se explica material técnico o complicado. Por ejemplo, el psicólogo Richard Mayer y sus colegas de la Universidad de California en Santa Bárbara experimentaron con dos versiones de una presentación en línea sobre el sistema respiratorio. Cada una incluía cien palabras de texto oral emparejadas con animaciones sencillas. Pero una versión utilizaba la tercera persona impersonal («Durante la inhalación, el diafragma se mueve hacia abajo, creando más espacio para los pulmones...»), mientras que la otra era más personal («tu diafragma« y «tus pulmones»). Las personas que escucharon este último mensaje obtuvieron puntuaciones significativamente más altas que sus homólogos en una prueba que medía lo que habían aprendido.

Cuentacuentos

Pocas cosas superan a una buena anécdota. Las historias, incluso fragmentos de ellas, cautivan amplias zonas del cerebro de los lectores, en parte porque combinan muchos de los elementos que ya he descrito.

Una investigación de Uri Hasson, de Princeton, revela el efecto neuronal de un cuento atractivo. Las resonancias magnéticas funcionales muestran que, cuando empieza una historia, los cerebros de los oyentes empiezan a brillar inmediatamente siguiendo un patrón específico. Es más, esa cuadrícula refleja de manera exacta la del narrador. Otras investigaciones muestran que, al mismo tiempo, las regiones del cerebro medio (mesencéfalo) del circuito de recompensa cobran vida.

Experimentos realizados por científicos del comportamiento de la Universidad de Florida arrojaron resultados similares. Las imágenes cerebrales mostraron una mayor actividad en las regiones de recompensa entre las personas que leían narraciones de doce segundos que provocaban imágenes placenteras. (Un ejemplo de narración: «Son los últimos minutos del gran partido y está reñido. El público estalla en un rugido ensordecedor. Te levantas de un salto, animando. Tu equipo ha remontado para ganar»).

Cuando incorporas historias a tus comunicaciones, puedes obtener grandes beneficios. Pensemos en un estudio realizado por Melissa Lynne Murphy en la Universidad de Texas sobre campañas de *crowdfunding* empresarial. Descubrió que los participantes en el estudio se formaban impresiones más favorables de las propuestas con relatos más ricos, lo que les otorgaba mejores puntuaciones en cuanto a credibilidad del emprendedor y legitimidad de la empresa. Los participantes en el estudio también se mostraron más dispuestos a invertir en los proyectos y a compartir información sobre ellos. La consecuencia: sin historias no hay grandes éxitos de financiación.

Las ocho características pueden ser tus armas secretas para escribir bien. Son herramientas eficaces para atraer a los lectores porque provocan las mismas respuestas neuronales que otros estímulos placenteros. Y probablemente entiendas su valor de forma intuitiva, porque millones de años de evolución han entrenado nuestro cerebro para saber qué es lo que nos hace sentir bien. Así que cultiva esos instintos. Te llevarán a la regla de oro de la escritura: recompensa a los lectores como a ti mismo.

12

No solo necesitas una voz de liderazgo, necesitas muchas

por Amy Jen Su

A menudo equiparamos el desarrollo de una voz de liderazgo con la búsqueda de formas de parecer más seguros de nosotros mismos. Suponemos que nuestro éxito depende de imitar a otra persona, aumentar nuestra autopromoción o decir las cosas más alto que los demás. Pero, en lugar de vivir con el síndrome del impostor o sentirte agotado por llevar tu cara de juego todo el día, puedes construir una confianza más verdadera centrándote más intencionadamente en cultivar muchas partes diferentes de tu voz de liderazgo cada día. En última instancia, deberías trabajar suficientes partes de tu voz para que, sea cual sea la situación de liderazgo o el público al que te enfrentes, puedas responder de forma auténtica, constructiva y eficaz. Entonces, ¿cuáles son las distintas voces a las que debes acceder y cultivar a lo largo del tiempo? ¿Y cuáles son las situaciones que justifican cada voz?

Tu voz de personaje

En primer lugar, considera la voz de tu personaje. Es la parte de tu voz que es constante y consistente. Se basa en principios fundamentales sobre quién eliges ser y qué guía y motiva tus interacciones con los demás. Algunos líderes me han dicho que tienen en mente principios clave de liderazgo como dar el beneficio de la duda, no tomarse las cosas como algo personal, centrarse en lo que es mejor para la empresa o ser directo con respeto cuando se enfrentan a una conversación difícil, una reunión o un conflicto potencial. Anclarnos en el carácter que sabemos que tenemos evita que nos convirtamos en camaleones, que actuemos por reacción de lucha o huida, o que solo mostremos respeto cuando hay una ganancia o beneficio comercial, mientras somos descorteses con otros que creemos que tienen menos valor. En última instancia, la voz del carácter se refiere a quién eres y a las intenciones y motivaciones que guían tu discurso y tus acciones.

Tu voz del contexto

A medida que vas asumiendo cargos de mayor responsabilidad, tu visión y perspectiva del negocio crecen. Tienes más visión de conjunto. Parte del trabajo consiste entonces en encontrar formas de expresar y comunicar esa visión de conjunto a los demás. Con demasiada frecuencia, en la carrera contra el tiempo nos lanzamos de lleno a los detalles de una presentación, reunión o conversación, sin dedicar unos minutos más a preparar adecuadamente el escenario y compartir el contexto crítico. Entre los lugares en los que puedes aportar más tu voz de contexto se incluyen:

- Compartir con otros la visión, la estrategia o el próximo cambio organizativo.

- Presentarse a ejecutivos y dejarles claro para qué estás allí y qué necesitas.

- Convocar una reunión con el equipo y presentar el panorama general del tema en cuestión.

- Hacer que los criterios de toma de decisiones sean transparentes para los demás.

Tu voz de claridad

En un mundo laboral de alta intensidad, tienes la oportunidad de ser la voz de la claridad y ayudar a tu equipo a centrarse en las prioridades

En pocas palabras

El objetivo

Muchos aspirantes a líderes se centran en desarrollar una personalidad que suene más segura de sí misma. Pero la construcción de una verdadera confianza comienza con el cultivo de una voz de liderazgo polifacética, con suficientes matices para que, independientemente de la situación de liderazgo o de la audiencia a la que te enfrentes, puedas responder de una manera auténtica, constructiva y eficaz.

El camino que seguir

En primer lugar, considera la voz de tu personaje. Es la parte de tu voz que se basa en principios fundamentales sobre quién eliges ser y qué guía y motiva tus interacciones con los demás. A continuación, explora tu voz del contexto: en lugar de lanzarte de lleno a la ejecución, tómate un momento para considerar el contexto estratégico de las nuevas iniciativas. En tercer lugar, los líderes deben aspirar a ser la voz de la claridad, ayudando a su equipo a centrarse en las prioridades más importantes. En cuarto lugar, cultiva la voz de la curiosidad, asegurándote de no abordar cada situación como si tuvieras todas las respuestas. Por último, desarrolla tu voz de conexión mejorando tu forma de contar historias, expresando gratitud y dedicando tiempo a tu gente.

más importantes. Los líderes que imaginan nuevas posibilidades, reflexionan en voz alta o reaccionan precipitadamente corren el riesgo de que los equipos intenten cumplir todos sus caprichos; estos equipos acaban dispersos y desenfocados, y no consiguen alcanzar las metas más importantes. He aquí algunas formas de ser la voz de la claridad para ayudar a canalizar las energías de los demás de forma más productiva:

- A principios de año, siéntate con cada subordinado directo para priorizar y aclarar cuáles son las grandes victorias en cada una de sus áreas. Una clienta me contó cómo pregunta a cada miembro del equipo: «Si publicáramos esto en un periódico, ¿cuáles querrías que fueran los grandes titulares para ti y tu equipo a final de año?».

- Vuelve periódicamente a ayudar a tus subordinados directos a volver a priorizar lo que tienen entre manos. Puedes hacerlo en reuniones individuales o con todo el equipo.

- Permite a tu equipo decir que no.

Tu voz de la curiosidad

Como líder, tienes la responsabilidad de orientar, compartir información y tomar decisiones importantes. Pero debes asegurarte de que no abordas cada situación como si tuvieras todas las respuestas o como si tuvieras que aconsejar, resolver problemas o arreglar todo lo que se te presenta. En muchos casos, ser la voz de la curiosidad es la mejor opción para la situación. Como dijo una vez uno de mis clientes sobre la resistencia de los demás: «Aunque confío en mi propio juicio e instinto empresarial, sé que mi organización ha contratado a gente muy inteligente. Por lo tanto, si uno de mis compañeros o miembros del equipo tiene una perspectiva diferente o me rechaza, no me lo tomo como algo personal. Siento mucha curiosidad por entender primero de dónde vienen para poder llegar a la mejor solución». Algunas situaciones en las que aportar tu voz de la curiosidad pueden ayudarte a ti y a tus compañeros a avanzar:

- Cuando se realiza un trabajo interdependiente y se escuchan todos los puntos de vista antes de tomar una decisión final, se obtiene una solución mejor.

- Cuando estés asesorando a un subordinado directo, y hacer buenas preguntas lo ayude a crecer de nuevas formas, a explorar los problemas a los que se enfrenta o a apoyar su desarrollo profesional.

- Cuando estás en una conversación difícil, en la que escuchar a la otra persona es una parte importante para calmar las emociones, comprender las necesidades y los puntos de vista de cada parte para, a continuación, encontrar la mejor manera de avanzar.

Tu voz de conexión

A medida que crece tu ámbito de control o influencia, puede resultar cada vez más difícil establecer una conexión con un conjunto progresivamente más amplio de colegas, redes estratégicas y equipos. A menudo tenemos gente que trabaja para nosotros a muchos niveles distintos en la organización, de modo que ya no conocemos a todo el mundo en nuestra área; aun así, debemos encontrar formas de mantenernos conectados y visibles. Ser una voz de conexión puede adoptar muchas formas. Algunas de las maneras en que he visto a otros hacerlo con eficacia:

- Aumenta tu habilidad como narrador. Las historias hacen que nuestros argumentos sean más memorables y destacados. Pueden animar un discurso de apertura o una reunión de todos los miembros del equipo, hacer que se entienda un punto que estamos tratando en una presentación o ayudar a cerrar un gran acuerdo o transacción.

- Agradece y reconoce. A menudo, nuestros equipos y compañeros hacen todo lo posible para garantizar el cumplimiento de los plazos, unos ingresos elevados y la satisfacción de los clientes. Cuando utilizamos nuestra voz de conexión, nos acordamos de expresar nuestra gratitud a un equipo que ha trabajado durante las vacaciones para cerrar los balances financieros al final del trimestre, o nos acordamos de volver a hablar con un colega que nos hizo una valiosa introducción o recomendación.

- Dedica unos minutos a romper el hielo o a establecer una buena relación al principio de una conversación o reunión. A menudo queremos ir directamente al grano, así que nos saltamos las sutilezas que ayudan a entablar relaciones con los demás. Cuando sea posible, y especialmente con colegas que valoran ese tipo de conexión, tómate un par de minutos para conectar antes de ponerte manos a la obra. Los días que tengas poco tiempo, dilo por adelantado y con transparencia, para no crear malentendidos. Puedes decir algo como «Hoy ando un poco justo de tiempo, así que sería estupendo que nos pusiéramos manos a la obra».

Descubrir y desarrollar tu voz como líder es el trabajo de toda una vida. La clave está en mantenerse abierto a un abanico cada vez más amplio de nuevas situaciones y personas. Utiliza cada situación como una oportunidad para acceder a más partes de tu voz en lugar de adoptar un enfoque único. Aporta tus voces de carácter, contexto, claridad, curiosidad y conexión según lo requiera el momento o la situación. A través de este tipo de aprendizaje y crecimiento, no solo aumentarás tu confianza interior y tu capacidad de recuperación, sino que también inspirarás la confianza de los demás a tu alrededor de una forma más auténtica e impactante.

13

Construir una carrera ética

por Maryam Kouchaki e Isaac H. Smith

La mayoría de nosotros pensamos que somos buenas personas. Nos proponemos ser éticos y esperamos estar a la altura en los momentos cruciales. Pero, cuando se trata de construir una carrera ética, las buenas intenciones son insuficientes. Décadas de investigación han identificado procesos y sesgos sociales y psicológicos que nublan el juicio moral de las personas, y las llevan a violar sus propios valores y, a menudo, a crear justificaciones retorcidas para su comportamiento. ¿Cómo puedes asegurarte de que, día a día y década tras década, harás lo correcto en tu vida profesional?

El primer paso requiere cambiar a una mentalidad que denominamos «humildad moral»: el reconocimiento de que todos tenemos la capacidad de transgredir si no estamos atentos. La humildad moral empuja a las personas a admitir que las tentaciones, las racionalizaciones y las situaciones pueden llevar incluso a los mejores de nosotros a comportarse mal, y las anima a pensar en la ética no solo como una forma de evitar lo malo, sino también de perseguir lo bueno. Las ayuda a ver este tipo de desarrollo del carácter como una búsqueda permanente. Llevamos más de una década investigando sobre la moralidad y la ética en el lugar de trabajo y, basándonos en nuestros propios hallazgos y en los de otros, sugerimos que las personas que quieran desarrollar carreras éticas deberían considerar un enfoque en tres etapas: (1) prepararse de antemano para los retos morales, (2) tomar buenas decisiones en el momento, y (3) reflexionar sobre los éxitos y fracasos morales y aprender de ellos.

Planificar para ser bueno

Prepararse para los retos éticos es importante, porque las personas suelen ser muy conscientes de lo que deberían hacer cuando piensan en el futuro, pero tienden a centrarse en lo que quieren hacer en el presente. Esta tendencia a sobreestimar la virtuosidad de nuestro yo futuro forma parte de lo que Ann Tenbrunsel, de Notre Dame, y sus colegas llaman el espejismo ético.

Para contrarrestar este sesgo, hay que empezar por conocer los puntos fuertes y débiles de cada uno. ¿Cuáles son sus valores? ¿Cuándo es más probable que los viole? En su libro *The Road to Character* (El camino hacia el carácter), David Brooks distingue entre las virtudes del currículum (destrezas, habilidades y logros que puedes incluir en tu currículum, como «aumentar la rentabilidad de un proyecto multimillonario en un 10%») y las virtudes del elogio (cosas por las que la gente te elogia después de tu muerte, como ser un amigo leal, amable y trabajador). Aunque las dos categorías pueden solaparse, las virtudes del currículum suelen referirse a lo que has hecho por ti mismo, mientras que las virtudes del elogio se refieren a la persona que eres y a lo que has hecho por los demás, es decir, a tu carácter.

Así que pregúntate: «¿Qué virtudes elogiosas estoy intentando desarrollar?». O, como preguntaba el gurú de la gestión Peter Drucker: «¿Por qué quieres que te recuerden?» y «¿Qué quieres aportar?». Enmarcar tu vida profesional como una búsqueda de contribuciones más que de logros puede cambiar fundamentalmente la forma de enfocar tu carrera. Y es útil plantearse esas preguntas pronto, antes de desarrollar mentalidades, hábitos y rutinas resistentes al cambio.

La fijación de objetivos también puede sentar las bases de un comportamiento ético. Los profesionales fijan regularmente objetivos para muchos aspectos de su trabajo y de su vida personal, pero pocos piensan en abordar la ética de esta manera. Benjamín Franklin escribió en su autobiografía que intentaba dominar trece rasgos que consideraba

En pocas palabras

El problema

La mayoría de nosotros nos consideramos buenas personas. Nos proponemos ser éticos en el trabajo y esperamos estar a la altura en los momentos cruciales. Pero, cuando se trata de construir una carrera ética, las buenas intenciones son insuficientes. Décadas de investigación han identificado procesos psicológicos y sesgos que nublan el juicio moral de las personas, llevándolas a violar sus propios valores y, a menudo, a crear justificaciones retorcidas y *post hoc* para su comportamiento.

La solución

¿Cómo podemos asegurarnos de que haremos siempre lo correcto en nuestra vida profesional? Es necesario cambiar de mentalidad hacia la «humildad moral», es decir, reconocer que todos tenemos la capacidad de cometer transgresiones éticas si no estamos atentos. Existe un enfoque eficaz en tres fases para mantenerse en el buen camino: prepararse de antemano para los desafíos morales, lo que incluye establecer las salvaguardias adecuadas; tomar buenas decisiones en el momento, y reflexionar y aprender de los éxitos y fracasos morales.

esenciales para una vida virtuosa (como la laboriosidad, la justicia y la humildad). Incluso creó una tabla para seguir su progreso diario. No sugerimos que todos nos dediquemos a una documentación tan rígida, pero sí que nos sentemos y escribamos metas de virtudes que sean desafiantes pero alcanzables. Es algo similar a lo que defendía Clayton Christensen, de la Harvard Business School, en su artículo de HBR «¿Cómo medirás tu vida?». Después de luchar contra el cáncer, Christensen decidió que la métrica que más le importaba era «las personas individuales cuyas vidas he tocado».

Sin embargo, incluso los objetivos más cuidadosamente elaborados no son más que buenas intenciones. Deben reforzarse con salvaguardas personales, es decir, hábitos y tendencias que han demostrado sacar a relucir los mejores ángeles de las personas. Por ejemplo, los estudios sugieren que el sueño de calidad, la oración personal (para los religiosos) y la atención plena pueden ayudar a las personas a gestionar y reforzar su autocontrol y a resistir la tentación en el trabajo.

También recomendamos la «planificación si-entonces», lo que el psicólogo Peter Gollwitzer denomina intenciones de ejecución. Docenas de estudios de investigación han demostrado que esta práctica («Si ocurre X, entonces haré Y») puede ser eficaz para cambiar el comportamiento de las personas, sobre todo cuando esos planes se expresan en voz alta. Pueden ser sencillos, pero también deben ser específicos, como vincular una señal situacional (un desencadenante) a un comportamiento deseado. Por ejemplo: Si mi jefe me pide que haga algo potencialmente poco ético, antes de actuar, pediré consejo a un amigo o mentor de fuera de la organización. Si me ofrecen un soborno, consultaré al equipo jurídico de mi empresa las políticas formales para que me orienten. Si soy testigo de acoso sexual o prejuicios raciales, defenderé inmediatamente a la víctima. Elaborar planes hipotéticos adaptados a tus puntos fuertes y débiles, a tus valores y a las circunstancias puede ayudarte a protegerte contra los fallos de autocontrol o la inacción cuando es necesario actuar. Pero asegúrate de elaborar tus planes hipotéticos antes de enfrentarte a la situación: la preparación es la clave.

Los mentores también pueden ayudarte a evitar errores éticos. Cuando amplíes tu red profesional y establezcas relaciones con asesores, no busques solo a quienes puedan acelerar tu ascenso en la escala profesional; considera también quién podría apoyarte cuando se trate de decisiones morales. Establece contactos con personas de dentro y fuera de tu organización cuyos valores sean similares a los tuyos y a las que puedas pedir consejo relacionado con la ética. Ambos hemos acudido a mentores en busca de consejo sobre cuestiones éticas, y enseñamos a nuestros estudiantes de MBA a hacer lo mismo. Contar con una red de apoyo —y en particular con un mentor ético de confianza— también puede brindarte oportunidades de tener un impacto positivo en su carrera.

Una vez que te hayas comprometido a llevar una vida ética, no tengas reparos en hacérselo saber a los demás. A nadie le gustan las actitudes santurronas, pero las señales morales sutiles pueden ser útiles, sobre todo cuando se dirigen a los compañeros. Puedes hacerlo hablando abiertamente de posibles retos morales y de cómo te gustaría reaccionar, o forjándote una reputación de hacer las cosas bien. Por ejemplo, en un estudio realizado por una de nosotras (Maryam), los participantes eran mucho menos propensos a pedir a un compañero en línea que tuviera un comportamiento poco ético después de recibir un correo electrónico de ese compañero con una cita virtuosa en la línea de la firma (como «El éxito sin honor es peor que el fraude»).

La conversación directa puede ser complicada, dado que la gente suele dudar a la hora de hablar de cuestiones con carga ética. Pero, si crees que es posible, te recomendamos que involucres a tus compañeros, porque la ambigüedad es un caldo de cultivo para la racionalización interesada. Haz preguntas aclaratorias con tacto y deja claras tus propias expectativas, por ejemplo: «Creo que es importante que no crucemos ninguna línea ética».

Todos estamos más condicionados por nuestro entorno de lo que creemos, por lo que también es fundamental elegir un lugar de trabajo que nos permita, incluso nos anime, a comportarnos de forma ética. No es sorprendente que los empleados que sienten que sus necesidades, capacidades y valores encajan bien con su organización tiendan a estar más satisfechos y motivados que sus compañeros desalineados, y rindan más. Por supuesto, en la elección de un trabajo intervienen muchos factores, pero en general la gente tiende a dar demasiada importancia a los parámetros tradicionales, como la remuneración y las oportunidades de ascenso, y a restar valor a la adecuación moral. Nuestro trabajo y el de otros han demostrado que el estrés ético es un fuerte indicador de la fatiga de los empleados, la disminución de la satisfacción laboral, la menor motivación y el aumento de la rotación.

Algunos sectores parecen tener normas culturales más o menos propicias a la deshonestidad. En un estudio, cuando a los empleados de un gran banco internacional se les recordaba su identidad profesional, tendían a engañar más, por término medio, que sus homólogos no bancarios a los que se les hacía el mismo recordatorio. Esto no quiere decir, por supuesto, que todos los banqueros sean poco éticos, o que solo las personas poco éticas deban hacer carrera en la banca (aunque sí pone de relieve lo importante que es para los bancos dar prioridad a la contratación de empleados moralmente íntegros). No obstante, sugerimos que cualquier persona que empiece un nuevo trabajo se informe sobre la organización y el sector en cuestión para prepararse para situaciones moralmente comprometidas. Las entrevistas de trabajo suelen concluir con la pregunta al candidato: «¿Tiene alguna pregunta que hacerme?». Una posible respuesta es: «¿A qué tipo de dilemas éticos podría enfrentarme en este trabajo?» o «¿Qué hace esta empresa para promover prácticas empresariales éticas?».

La investigación también demuestra que los elementos de un entorno laboral pueden aumentar o disminuir el autocontrol, independientemente de las normas culturales: una gran incertidumbre, exigencias cognitivas excesivas, días —y noches— largos y objetivos consecutivos se correlacionan con mayores índices de comportamiento poco ético. Estas presiones pueden aumentar y disminuir con el tiempo en tu lugar de trabajo, pero, durante los períodos de intensidad, debes extremar la vigilancia.

Tomar buenas decisiones

Incluso si se ha planificado una carrera ética y se han establecido salvaguardas, puede resultar difícil afrontar los retos morales en el momento. A veces, las personas pasan por alto las implicaciones de sus decisiones o encuentran formas extravagantes de racionalizar un comportamiento inmoral e interesado. En otros casos, se enfrentan a dilemas en los que la decisión correcta no es obvia; por ejemplo, una elección entre la lealtad a los compañeros de trabajo y la de un cliente, o una solución propuesta que producirá consecuencias tanto positivas como negativas, como buenos puestos de trabajo pero también daños medioambientales. Hay varias formas de gestionar momentos de la verdad como estos.

En primer lugar, aléjate de los cálculos tradicionales, como el análisis coste-beneficio y el rendimiento de la inversión. Acostúmbrate a buscar las cuestiones morales y las implicaciones éticas en juego en una decisión determinada y analízalas desde múltiples perspectivas filosóficas. Por ejemplo, desde la perspectiva basada en normas de la deontología (el estudio de la obligación moral), pregúntate qué normas o principios son relevantes. ¿Un determinado curso de acción te llevará a violar el principio de honradez o el de respeto a los demás? Desde la perspectiva utilitarista basada en las consecuencias, identifica los posibles resultados para todas las partes implicadas o afectadas directa o indirectamente: «¿Cuál es el mayor bien para el mayor número de personas?». Y, desde la perspectiva aristotélica de la ética de la virtud, pregúntate: «¿Qué curso de acción reflejaría mejor a una persona virtuosa?». Cada una de estas filosofías tiene ventajas y desventajas, pero abordar los criterios de decisión fundamentales de las tres —reglas, consecuencias y virtudes— hará que sea menos probable que pases por alto consideraciones éticas importantes.

Hay que tener en cuenta, sin embargo, que la mente humana es experta en justificar comportamientos moralmente cuestionables cuando se siente atraída por sus beneficios. A menudo nos decimos a nosotros mismos cosas como «Todo el mundo lo hace», «Solo sigo las órdenes de mi jefe», «Es por un bien mayor», «No es como si estuviera robando un banco» y «Es culpa suya, se lo merecen». Tres pruebas pueden ayudarte a evitar las racionalizaciones autoengañosas.

1. La prueba de la publicidad. ¿Te sentirías cómodo si esta elección y tus razones se publicaran en la portada del periódico local?

2. La prueba de la generalizabilidad. ¿Te parecería bien que tu decisión sirviera de precedente para todas las personas que se enfrentan a una situación similar?

3. La prueba del espejo. ¿Te gustaría la persona que has visto en el espejo después de tomar esta decisión?

Si la respuesta a alguna de estas preguntas es negativa, piénsalo bien antes de seguir adelante.

Los estudios también demuestran que es más probable que las personas actúen de forma poco ética si se sienten apresuradas. Muy pocas decisiones deben tomarse al momento. Permitirse un tiempo para la contemplación puede ayudar a poner las cosas en perspectiva. En un experimento clásico de psicología social, los estudiantes del Seminario Teológico de Princeton eran mucho menos propensos a detenerse a ayudar a un desconocido que yacía indefenso en el suelo si tenían prisa por llegar a una conferencia que estaba programada; irónicamente, la parábola bíblica del Buen Samaritano, que trata sobre detenerse a ayudar a un desconocido que yace indefenso en el suelo. Así que hay que ser consciente de la presión del tiempo. Recordar el viejo adagio de «Consúltalo con la almohada» a menudo puede ayudarte a tomar mejores decisiones morales. Y retrasar una decisión puede darte tiempo para consultar a tus mentores éticos. Si no están disponibles, practica una variación de las pruebas del espejo y de la publicidad: imagina que explicas tus acciones a esos asesores. Si eso te hace sentir incómodo, estás avisado.

Pero adoptar una postura ética exige a menudo desafiar a los compañeros de trabajo o incluso a los superiores, lo que puede resultar terriblemente difícil. Los ahora tristemente célebres experimentos de Milgram (en los que los participantes en el estudio administraban descargas potencialmente letales a voluntarios inocentes cuando un experimentador les ordenaba que lo hicieran) demostraron lo susceptibles que pueden ser las personas a la presión de los demás, sobre todo las que ocupan puestos de poder. ¿Cómo evitar sucumbir a la presión social? Los autores de *The Business Ethics Field Guide* ofrecen algunas preguntas para hacerse en tales situaciones: «¿Tienen derecho a pedirme que lo haga? ¿Otros miembros de la organización opinarían lo mismo que yo? ¿Qué pretenden los solicitantes? ¿Podría conseguirse de otra manera? ¿Puedo negarme de forma que los ayude a salvar las apariencias?». En general, desconfía de hacer algo solo porque «todo el mundo lo hace» o porque te lo ha dicho tu jefe. Asume la responsabilidad de tus actos.

Y no olvides que muchos de los retos éticos a los que se enfrentan las personas en el trabajo han sido afrontados previamente por otros. Por ello las empresas suelen desarrollar directrices, protocolos y declaraciones de valores específicos. Si tienes dudas sobre una determinada situación, intenta consultar las políticas formales de tu organización. ¿Tiene un código ético establecido? Si no es así, pide orientación a su mentor ético. Y si te enfrentas a algo que consideras claramente contrario a la ética, pero temes represalias de un superior, comprueba si tu organización tiene un programa de defensor del pueblo o una línea directa de denuncia de irregularidades.

Reflexión *a posteriori*

Aprender de la experiencia es un proceso iterativo que dura toda la vida: se crece mucho después de tomar decisiones y emprender acciones. Las personas éticas no son perfectas, pero, cuando cometen errores, los revisan y reflexionan sobre ellos para poder hacerlo mejor

CONSTRUIR UNA CARRERA ÉTICA

en el futuro. De hecho, una amplia gama de investigaciones —en campos tan diversos como la psicología, la informática, la enfermería y la educación— sugiere que la reflexión es un primer paso fundamental para aprender de las experiencias personales pasadas. Reflexionar tanto sobre los éxitos como sobre los fracasos ayuda a las personas a evitar no solo la repetición de transgresiones, sino también la «segmentación de la identidad», por la que compartimentan su vida personal y profesional y quizá viven según un código moral muy diferente en cada una de ellas.

Pero la autorreflexión tiene limitaciones. A veces, los errores éticos son evidentes; otras veces, la elección es ambigua. Además, las personas pueden verse limitadas por sus propias perspectivas, así como por su historia personal y sus prejuicios. Por eso debemos pedir consejo a personas de confianza. Puedes abordarlo como si se tratara de una evaluación del rendimiento en el trabajo: haciendo preguntas concretas, evitando ponerte a la defensiva y expresando gratitud.

Por último, puedes dedicarte a lo que Amy Wrzesniewski, de Yale, denomina *job crafting*: dar forma a tus experiencias laborales adaptando de forma proactiva las tareas que realizas, tus relaciones en el lugar de trabajo e incluso la forma en que percibes tu trabajo, de modo que este cobre más sentido y te ayude a desarrollar tu potencial. Puedes aplicar el *job crafting* a tu carrera ética introduciendo cambios ascendentes en tu trabajo y en tu forma de abordarlo que te ayuden a ser más virtuoso. Por ejemplo, en algunos de los primeros estudios sobre el *job crafting*, Wrzesniewski y sus colegas descubrieron que muchas asistentes auxiliares de hospital veían su trabajo de un modo que les hacía sentirse sanadoras, no limpiadoras. No se limitaban a limpiar las habitaciones, sino que ayudaban a crear un entorno apacible para la curación. Una asistenta utilizaba su sonrisa y su humor para ayudar a los pacientes con cáncer a relajarse y sentirse más cómodos. Buscaba oportunidades para interactuar con ellos, creyendo que podía ser un punto de luz momentáneo en la oscuridad de la quimioterapia. Su trabajo la ayudó a desarrollar y cultivar virtudes elogiosas como el amor, la compasión, la amabilidad y la lealtad.

Puede que pienses que no es tan difícil ser un profesional ético. Como te habrán dicho tus padres, basta con hacer lo correcto. Pero la evidencia sugiere que en el mundo real es cada vez más difícil mantenerse en la cima moral. Así que toma las riendas de tu carrera ética cultivando la humildad moral, preparándote para las situaciones difíciles, manteniendo la calma en el momento y reflexionando sobre si has estado a la altura de tus valores y aspiraciones.

Acerca de los colaboradores

ERIKA ANDERSEN es socia fundadora de Proteus International. Es presentadora del pódcast *The Proteus Leader Show* y autora de los libros *Change from the Inside Out, Growing Great Employees, Being Strategic, Leading So People Will Follow* y *Be Bad First*.

BILL BIRCHARD es escritor de negocios y coach de escritura. Su libro más reciente es *Writing for Impact*. Entre sus libros anteriores figuran *Merchants of Virtue, Stairway to Earth, Nature's Keepers* y *Counting What Counts*. Más información en billbirchard.com.

RICHARD E. BOYATZIS es catedrático de los departamentos de Comportamiento Organizativo, Psicología y Ciencia Cognitiva de la Weatherhead School of Management, y Profesor Universitario Distinguido de la Case Western Reserve University. Es cofundador del Coaching Research Lab y coautor de *Helping People Change: Coaching with Compassion for Lifelong Learning and Growth* (Harvard Business Review Press, 2019).

ETHAN BURRIS es titular de la Cátedra Neissa de Empresa y director del Centro de Liderazgo y Ética de la Escuela de Negocios McCombs de la Universidad de Texas en Austin.

Joseph Fuller es catedrático de Práctica de la Gestión y copresidente del Project on Managing the Future of Work de la Harvard Business School. También copreside el Project on Workforce de Harvard, una colaboración entre miembros del profesorado de las escuelas de negocios, educación y gobierno de la universidad.

Amy Gallo es redactora colaboradora de Harvard Business Review, copresentadora del pódcast *Women at Work* y autora de dos libros: *Getting Along: How to Work with Anyone (Even Difficult People)* y *HBR Guide to Dealing with Conflict*. Escribe y habla sobre dinámicas de trabajo. Mira su charla TEDx sobre conflictos y síguela en LinkedIn.

Daniel Goleman, conocido sobre todo por sus escritos sobre inteligencia emocional, es codirector del Consorcio de Investigación sobre Inteligencia Emocional en las Organizaciones de la Universidad de Rutgers. Su último libro es *Building Blocks of Emotional Intelligence*, un conjunto de 12 artículos sobre cada una de las competencias de la inteligencia emocional, y ofrece formación sobre las competencias a través de una plataforma de aprendizaje en línea, Emotional Intelligence Training Programs. Otros de sus libros son *Primal Leadership: Unleashing the Power of Emotional Intelligence* y *Altered Traits*.

Heidi Grant es una psicóloga social que investiga, escribe y habla sobre la ciencia de la motivación. Su libro más reciente es *Reinforcements: How to Get People to Help You*. También es autora de *Nine Things Successful People Do Differently* y *No One Understands You and What to Do About It*.

Stephen Hansen es profesor asociado de Economía en el Imperial College Business School.

Manbir Kaur es coach ejecutiva y especialista en habilidades potenciadas por la inteligencia conversacional. Es autora de *Get Your Next Promotion* y *Are You the Leader You Want to Be?* (nominado al premio C. K. Prahalad Business Book Award 2019).

Maryam Kouchaki es profesora de Gestión y Organizaciones en la Kellogg School of Management. Su investigación explora la ética, la moralidad y la complejidad y los retos de la gestión de la diversidad étnica y de género para las organizaciones.

Erin Meyer es profesora del INSEAD, donde dirige el programa de formación de directivos Leading Across Borders and Cultures. Es autora de *The Culture Map* y coautora (con Reed Hastings) de *No Rules Rules*.

P. J. Neal es el responsable global de conocimientos y operaciones del Grupo Asesor de Consejos de Administración y Directores Generales de Russell Reynolds Associates.

Raffaella Sadun es Catedrática Charles E. Wilson de Administración de Empresas en la Harvard Business School.

Isaac H. Smith es profesor adjunto de comportamiento organizativo y recursos humanos en la BYU Marriott School of Business. Sus investigaciones exploran la moralidad y la ética de las organizaciones y de las personas que las integran.

Melvin Smith es profesor de comportamiento organizativo en Case Western. Es cofundador del Coaching Research Lab y coautor de *Helping People Change: Coaching with Compassion for Lifelong Learning and Growth* (Harvard Business Review Press, 2019).

Ellen Van Oosten es profesora asociada de comportamiento organizativo en Case Western. Es cofundadora del Coaching Research Lab y coautora de *Helping People Change: Coaching with Compassion for Lifelong Learning and Growth* (Harvard Business Review Press, 2019).

AMY JEN SU es cofundadora y socia directora de Paravis Partners, una empresa líder en coaching ejecutivo y desarrollo del liderazgo. Durante las dos últimas décadas, ha asesorado a directores generales, ejecutivos y estrellas emergentes de las organizaciones. Es autora de *The Leader You Want to Be: Five Essential Principles for Bringing Out Your Best Self-Every Day* y coautora de *Own the Room: Discover Your Signature Voice to Master Your Leadership Presence* con Muriel Maignan Wilkins.

JAMIL ZAKI es profesor de psicología en la Universidad de Stanford y autor de *The War for Kindness*. Ha publicado artículos en el *New York Times*, el *Atlantic*, el *New Yorker* y el *Wall Street Journal*.